GUIDE

ÉLÉMENTAIRE ET PRATIQUE

POUR LA

FABRICATION DU CIDRE ET DU POIRÉ

———

ÉMILE COLIN — IMPRIMERIE DE LAGNY

GUIDE

ÉLÉMENTAIRE ET PRATIQUE

POUR LA

FABRICATION DU CIDRE

ET DU POIRÉ

ET LA CULTURE DU POMMIER A CIDRE

A L'USAGE DES CULTIVATEURS

Et des personnes qui veulent elles-mêmes fabriquer leur cidre.

PAR P.-J. LEFÈVRE

Ancien Instituteur.

OUVRAGE HONORÉ D'UNE MÉDAILLE EN VERMEIL

A l'Exposition maritime du Havre.

———✳———

ROUEN

E. AUGÉ, ÉDITEUR

—

1889

PRÉFACE

Le cidre est la boisson ordinaire des habitants de la Normandie, de la Bretagne et d'une partie des départements du nord de la France.

Fabriqué dans les meilleures conditions de propreté et de maturité des fruits, le cidre est une boisson saine, fortifiante, d'un goût agréable, qui facilite grandement la digestion et désaltère mieux que toute autre espèce de boisson.

Malheureusement, dans tous nos ménages d'ouvriers, de petits rentiers et surtout chez la plupart de nos cultivateurs, le cidre, loin d'offrir les qualités que nous venons d'énumérer, n'est qu'un liquide pâle et plus ou moins aigre, ressemblant plutôt au vinaigre qu'au bon cidre, et qui occasionne fréquemment à ceux qui en font un usage continuel des maux d'estomac et des douleurs d'entrailles dont ils ne soupçonnent pas la cause.

Quoique l'usage du cidre et du poiré remonte aux premiers siècles de notre ère, puisque sainte Radegonde, épouse de Clotaire Ier, morte en 587, buvait journellement du poiré, la fabrication de ces deux espèces de boissons est demeurée dans l'enfance jusqu'à nos jours ; on peut même dire qu'elle n'en est pas encore entièrement sortie surtout dans nos campagnes.

Quels moyens faut-il donc employer pour faire progresser cette utile industrie et la faire arriver à la perfection ? Le mieux est, croyons-nous, d'apprendre aux enfants de nos écoles les recettes propres à fabriquer du bon cidre et du bon poiré.

Le meilleur moyen d'obtenir ce résultat, est,

ce nous semble, de mettre dans leurs mains, un ouvrage simple, clair et concis contenant toutes les indications utiles sur la culture du pommier, la récolte et la conservation des fruits, le brassage ou pilage de ces fruits et la conservation des cidres et poirés.

Nous songions, depuis quelque temps déjà, à mettre par écrit les conseils que nous nous sommes toujours efforcé de donner à nos concitoyens sur les meilleurs moyens de fabriquer ces deux sortes de boissons, cependant nous avons hésité jusqu'à ce jour et nous aurions peut-être toujours hésité à publier notre travail, résultat de nos expériences, si les nombreux encouragements donnés par diverses associations scientifiques au développement de cette utile industrie, notamment par l'*Association Pomologique* de l'Ouest qui tient, chaque année, un concours et un congrès à cet effet, dans les principales villes de la Normandie et de la Bretagne, lesquels en nous montrant que l'utilité d'un tel livre est reconnue par le monde savant, ne nous avaient enfin décidé à tenter l'entreprise.

Notre ouvrage est divisé en deux parties. Dans la première, nous indiquons les meilleurs procédés pour la fabrication du cidre et du poiré. Dans la seconde, nous traitons de la culture du pommier et du poirier. Enfin, notre volume est terminé par une table des matières, suivie d'une liste des meilleures espèces de pommes et de poires de pressoir avec indication des lieux où il serait possible de se procurer soit des greffes, soit de jeunes pommiers.

GUIDE

ÉLÉMENTAIRE ET PRATIQUE

POUR LA

FABRICATION ET LA CONSERVATION

DU CIDRE ET DU POIRÉ

PREMIÈRE PARTIE

FABRICATION ET CONSERVATION DES CIDRES ET POIRÉS

CHAPITRE PREMIER

NOTIONS PRÉLIMINAIRES

1. On nomme fermentation vineuse, spiritueuse ou alcoolique, celle qui donne naissance à l'esprit-de-vin ou alcool.

2. Le sucre est le seul des nombreux principes immédiats connus qui puisse subir cette

fermentation, encore faut-il qu'il soit placé dans des conditions spéciales. Ainsi, il faut :

1° Qu'il soit dissous dans une proportion convenable d'eau ;

2° Que la dissolution renferme un ferment organique azoté, par exemple de la levûre de bière ;

3° Enfin, que cette dissolution soit exposée à une température comprise entre 15 et 30 degrés centigrades.

Il résulte de là que tous les jus de fruits et autres liquides renfermant du sucre et un ferment azoté quelconque, peuvent subir la fermentation vineuse et former ainsi des boissons d'autant plus alcooliques et partant plus généreuses et aussi plus susceptibles de se conserver longtemps, que ces liquides auront contenu plus de sucre et que la fermentation aura été plus complète et surtout plus prompte.

8. Quoique le nombre des liquides contenant

des sucs sucrés extraits, soit de la pulpe des fruits, soit de la saccharification et de la macération des graines de céréales, qui peuvent subir la fermentation vineuse et devenir ainsi alcooliques, soit assez grand, il n'y en a que quatre qui soient d'un usage général, savoir :

Le vin, rouge ou blanc, qu'on retire du raisin, fruit de la vigne ;

Le cidre que l'on extrait des fruits du pommier ;

Le poiré qu'on obtient des fruits du poirier ;

Enfin la bière que l'on fabrique par la saccharification et l'infusion des graines de céréales, notamment de l'orge.

4. Nous ne dirons rien de la fabrication du vin qu'on ne récolte point dans nos départements du nord et du nord-ouest de la France. Nous ne nous occuperons point non plus de la fabrication de la bière qui est l'affaire, l'apanage des industriels.

Cependant nous donnerons à la fin de notre première partie une formule simple et facile pour faire soi-même avec du sucre et du houblon une bière de ménage excellente et d'un prix modique, pouvant, quand elle est bien faite, se conserver fort longtemps surtout en bouteilles.

Mais nous indiquerons soigneusement toutes les mesures à prendre pour fabriquer du cidre et du poiré de qualité supérieure.

CHAPITRE II

DU CIDRE. DES FRUITS A CIDRE. LEURS VARIÉTÉS
QUALITÉS QU'ILS DOIVENT AVOIR
COMPOSITION CHIMIQUE DU MOUT DES POMMES
ET DES POIRES

5. Le *cidre*, que l'on écrivait anciennement *sidre*, est cette boisson tonique, agréable et désaltérante, d'une belle couleur ambrée tirant sur le rouge, que l'on extrait par la macération à froid et la pression de la pulpe des fruits du pommier, nommés, pour cette raison, *pommes à cidre* ou *fruits de pressoir*.

6. Le cidre, formé intégralement du jus des pommes, se nomme *cidre pur* ou *gros cidre*.

Lorsqu'on ajoute au jus des pommes de l'eau dans la proportion de moitié ou trois cinquièmes, on forme ce que l'on nomme *petit cidre* ou *boisson usuelle*. Enfin on donne le nom de *petite boisson* ou *piquette* à de l'eau additionnée d'une petite quantité de jus de pommes.

7. Les pommes à cidre ou fruits de pressoir, sous le rapport de leur époque de maturité, c'est-à-dire du moment où il est temps de les presser pour en retirer la plus grande somme de produits utiles qu'elles contiennent, se divisent en trois catégories.

La première catégorie comprend, sous le nom de *pommes tendres* ou pommes de *première saison*, les fruits mûrissant entre le 15 septembre et les derniers jours d'octobre.

La seconde catégorie comprend, sous le nom de pommes *demi-tendres* ou de *deuxième saison*, les pommes qui atteignent leur complète maturité entre le 1ᵉʳ novembre et le 8 décembre.

Enfin la troisième catégorie se compose des pommes dites *pommes dures* ou *d'arrière-saison* lesquelles n'atteignent leur entière maturité que du 8 décembre à la fin de janvier.

Toutefois nous ferons observer que l'époque de maturité de ces diverses catégories de fruits de pressoir, telle que nous venons de l'indiquer, n'est pas absolue. Elle dépend des influences atmosphériques ; *de la plus ou moins* grande sécheresse ou humidité de l'époque de croissance des fruits ; de la nature du sol où sont plantés les pommiers, de leur exposition, etc. Ces diverses circonstances peuvent avancer ou retarder *l'époque de parfaite maturité de* dix à quinze jours et même quelquefois davantage.

Au surplus nous disons, sans crainte de nous tromper, que les pommes de toute catégorie *sont mûres et prêtes à cidrer*, à pressurer, lors qu'elles ont acquis une belle couleur jaune d'or ; que leurs pépins sont devenus brun-foncé ; qu'elles répandent une bonne odeur de fruits mûrs et qu'en les pressant entre les doigts, elles se meurtrissent facilement et assez profondément.

8. Jusqu'à ces derniers temps et même encore aujourd'hui, les pommes de troisième saison ont été plus estimées, et, par suite, se sont vendues plus cher que celles de seconde saison ; de même que celles-ci l'emportent à leur tour sur les pommes tendres ou précoces. Pourquoi cela ? nous pensions que cette circonstance était due sinon en totalité, du moins en grande partie, à ce que les fruits de première saison renfermaient moins de principes utiles à la confection d'un bon cidre, moins de mucilage surtout que les pommes dures justement renommées. Nous ne nous trompions point.

Il résulte en effet des recherches chimiques faites à ce sujet par MM. de Boutteville et Hauchecorne, que tandis que les fruits de seconde et de troisième saison et notamment les espèces suivantes : Peau-de-vache, Germaine, Bédan, Rouge Bruyère de Rouen, Argile Rouge, Argile Grise, Marin-Oufray ou améret, Ameret à cul gris, Doux Evêque, Paradis, renferment de 13 à 20 grammes de mucilage par kilogramme de jus, les meilleures variétés de fruits précoces n'en contiennent que 8 grammes tout au plus, quelques variétés mêmes n'en renferment que de 4 à 7 grammes (1).

9. Les variétés de pommes composant chacune des trois catégories dont nous avons parlé précédemment (N° **7**) sont très nombreuses dans nos pommeraies. Mais le plus grand nombre d'entre elles ne méritent nullement la place qu'elles occupent dans les cultures. Ainsi, sur au moins deux cinquante variétés des trois sai-

(1) De Boutteville et Hauchecorne, *Le cidre*, pages 56 et suiv.

sons qui ont été présentées au Congrès pour l'étude des fruits à cidre, et analysées par ses soins, à peine s'en trouve-t-il une quarantaine ayant une densité supérieure à 1070 et pouvant donner un cidre de qualité supérieure : toutes les autres variétés manquent d'un ou plusieurs des principes indispensables à la confection d'un bon cidre.

10. Quels sont donc ces principes? Ils sont au nombre de six principaux, dont voici les noms, en les classant dans l'ordre de leur plus grande utilité. Ce sont : 1º Le sucre. 2º Le tannin. 3º Le mucilage. 4º Le bouquet ou parfum et le principe amer. 5º La matière colorante et 6º L'eau de végétation.

Le jus des pommes renferme, en plus des six éléments qui précèdent, de l'albumine et du ferment ; des acides libres, acides malique, tartrique, et pectique ; de la gomme, de la pectine soluble, du ligneux, de la *chaux* libre, des *ma-*

lates de *potasse* et de *chaux*, du phosphate de *chaux*, de la *matière* colorante verte et brune; une *huile* grasse et volatile, enfin des matières non solubles en suspension. Mais toutes ces matières diverses réunies n'entrent dans la composition des moûts que pour dix pour cent environ, c'est-à-dire pour un dixième seulement.

Disons tout de suite que le moût des poires a la même composition chimique que le moût des pommes, sauf les quelques différences suivantes :

1° Le jus des poires est presque moitié plus abondant que celui des pommes.

2° Il contient beaucoup moins de tannin, un à trois grammes seulement pour quatre ou cinq des meilleures espèces, et seulement des traces pour toutes les autres variétés connues dans notre département et qui sont au nombre d'une trentaine.

3° Il contient également fort peu de mucilage deux à trois grammes au plus par kilogramme de jus.

4° Ce jus est beaucoup plus acide : deux millièmes par kilogramme, au minimum, pour aller jusqu'à trois, quatre et cinq millièmes; quelques espèces même vont à huit et douze.

5° Enfin le sucre des poires est plus directement alcoolisable que celui des pommes; il contient environ douze grammes de déchet en moins par kilogramme de jus, c'est pourquoi, à densité égale, le poiré pur est un peu plus alcoolique que le cidre pur. En effet d'après M. J. Girardin, tandis que cent litres de bon cidre ordinaire ne donnent que 6 litres 95 centil. d'alcool pur ou à 100 degrés centésimaux, 100 litres de bon poiré ordinaire en produisent huit litres.

Nous allons maintenant faire connaître brièvement la nature et les propriétés de ces prin-

cipes et le rôle qu'ils jouent dans la composi-
des cidres et des poirés.

11. Du sucre des fruits à cidre et à poiré. — Le sucre des pommes et des poires est le premier et le plus important des principes constitutifs des bons fruits à cidre et à poiré ; c'est ce principe qu'il importe d'y rencontrer en plus grande quantité possible, car c'est lui qui se transforme, pendant la fermentation, en acide carbonique qui s'évapore en grande partie et en alcool qui se fixe dans le liquide et donne au vin, au cidre, au poiré, etc., leur faculté enivrante et leur communique en même temps sa chaleur, sa force, et sa propriété essentiellement conservatrice. C'est en effet à l'alcool qu'ils contiennent que les vins, les cidres, les poirés, la bière et autres boissons fermentées doivent leur conservation et la possibilité d'être transportées au loin sans s'altérer, et ces diverses boissons se conservent d'autant mieux et sont d'autant plus facilement transportables qu'elles sont plus alcooliques et que, par conséquent, leur moût renfermait plus de sucre avant la fermentation.

Il suit de là que les diverses espèces de pommes et des poires qui contiennent plus de 170 grammes de sucre par kilogramme de jus sont excellentes; que celles qui en renferment de 145 à 170 grammes sont encore bonnes et d'autant meilleures qu'elles se • rapprochent davantage de ce dernier chiffre; mais que celles qui en contiennent moins de 145 grammes et dont la densité est inférieure à 1065, doivent être considérées comme mauvaises et d'autant plus mauvaises que leur densité est plus faible, et conséquemment ne doivent pas être multipliées. Malheureusement, ces mauvaises variétés sont de beaucoup les plus répandues dans nos vergers.

Toutefois, en attendant qu'on ait pu se procurer des espèces plus parfaites, on pourra toujours améliorer jusqu'à un certain point le cidre inférieur que ces mauvaises espèces produisent et augmenter la quantité d'alcool de ce cidre en ajoutant du sucre en pain à leur moût. Cela est même avantageux quand les pommes sont très chères.

En effet, l'expérience nous a prouvé que cinq kilogrammes de sucre en pain coûtant au plus cinq francs vingt centimes donnent plus de richesse saccharine au moût qu'un hectolitre de pommes valant, dans les années de disette, de sept à douze francs.

12. Du tannin. — *Le tannin* ou *acide tannique*, ainsi nommé de son abondance dans l'écorce du chêne, laquelle, sous le nom de tan, sert à durcir les peaux des animaux, à les rendre imputrescibles et imperméables à l'eau en les transformant en cuir, *le tannin*, disons-nous, est un principe immédiat, très astringent, et excessivement répandu dans le règne végétal.

On le trouve notamment dans l'écorce des jeunes rameaux et les feuilles de la plupart des arbres et arbustes : dans les fleurs du rosier; dans la noix de galle; dans le café et un certain nombre de graines: dans les sucs ou extraits de certains végétaux étrangers tels que le cachou, le kina, le suc d'acacia, l'extrait de ratanhia, etc., et enfin dans les fruits.

13. Effets du tannin dans les boissons. — Le tannin, dissous dans nos boissons dans la proportion de 5 à 8 grammes par kilogramme de liquide, sert à en fixer la saveur, à tempérer leur action excitante et à leur communiquer des propriétés toniques parce qu'en pénétrant, par son astriction, les tissus de l'économie animale, il resserre soudainement les fibres de nos organes et rend ainsi leur texture plus solide et leurs mouvements plus énergiques et plus forts. Il exerce surtout sur la muqueuse gastrique une action styptique qui a pour principal effet de ralentir l'absorption de l'alcool et d'atténuer ainsi les conséquences immédiates de son action catalytique sur le foie et le cerveau. Mais son action utile ne se borne pas là. Le tannin n'est pas seulement le correctif, le modérateur de l'alcool contenu dans les boissons de pommes et de poires, il est encore, par excellence, le principe clarifiant et anti-septique des cidres et poirés et le régulateur de l'acte fermentatif, car c'est lui qui, en se combinant avec l'albumine, le ferment et la pectine, forme une sorte de réseau filtrant qui enveloppe à la fois les corps tenus en suspension et ceux dissous dans les cidres, et préserve ceux-ci de la maladie connue sous le nom de graisse. (1)

(1) Voir, pour plus de détails sur l'utilité du tannin

Mais puisqu'une proportion de 5 à 8 grammes de tannin par kilogramme de moût est nécessaire pour donner aux cidres et poirés la première de toutes les qualités — la salubrité — nous ferons observer que lorsqu'on aura à employer des variétés de pommes riches en sucre, mais pauvres en acide tannique, telles sont les espèces suivantes : Railé, pommes de Cat, Gros muscadet, Fréquin blanc, Bénard, Argile Nouvelle, pomme Ridel, Binet, Girard Vrai, Bédan rond, Rouge-Bruyère gris, Jacques Choulant, et la plupart des variétés répandues dans nos vergers ou pommeraies, il sera utile d'ajouter au moût, après la fermentation tumultueuse, 50 à 60 grammes de cachou, dissous dans un litre d'eau bouillante, par hectolitre de boisson.

dans les cidres et poirés et en général dans toutes les boissons alcooliques, les savantes études de MM. de Boutteville et Hauchecorne dans leur livre *Le cidre*, pages 48 à 55, dont notre article n'est qu'une brève analyse.

14. Du mucilage. — On donne le nom de *mucilage* à un principe doux et onctueux, formé de la dissolution dans l'eau de végétation des pommes de substances de nature gommeuse de pectine soluble, de cellulose mucilagineuse, et surtout des matières amylacées contenues dans les fruits, et qui communique au jus une viscosité ou propriété adhésive, d'autant plus intense qu'il est plus abondant dans le liquide.

Le mucilage concourt de deux façons à la conservation des cidres : d'abord parce qu'une partie de la pectosine et des matières amylacées se convertissent en matière sucrée, laquelle se transforme à son tour en alcool, et ensuite parce que le mucilage donne au liquide de l'onctuosité, du moelleux et du corps, et s'oppose ainsi à la conversion de l'alcool en acide acétique ou vinaigre sous l'action de l'oxigène de l'air.

15. Parfum et principe amer. — Le parfum ou bouquet des pommes et des poires et le principe amer sont probablement dus à une huile essentielle et volatile et à des matières grasses et aromatiques dont les chimistes n'ont pas encore pu, que nous sachions, déterminer la nature.

Mais tout le monde sait maintenant que le parfum et le principe amer des fruits de pressoir accroissent grandement la qualité des boissons en les rendant plus savoureuses, plus digestives et conséquemment plus salubres. Il est donc très important de développer le plus possible le parfum dans les jus. On obtient ce résultat par le cuvage ou macération. (Nᵒˢ **36** et **37**.)

16. Matière colorante. — La matière colorante des pommes est une matière extractive et soluble qui, blanche au moment de l'écrasement des pommes, rougit peu à peu au contact de l'oxygène de l'air et passe, après un certain nombre d'heures au rouge-brun foncé. C'est cette matière colorante qui donne aux cidres et aux boissons cette belle couleur ambrée tirant sur le rouge qui flatte l'œil agréablement et invite à boire. Nous indiquerons plus loin le moyen de la développer. (Nos **36** et **37**).

17. Eau de végétation des pommes. — On distingue sous le nom d'eau de végétation des pommes, des poires, etc., de l'eau ordinaire fournie aux fruits par la circulation de la sève durant la période de croissance ou d'accroissement, et retenue dans leurs cellules où elle tient en dissolution les autres substances dont les sucs des fruits se composent, et qui sont toutes solides, à l'exception du parfum qui est volatil. L'eau de végétation des pommes à cidre varie entre 73 et 82 pour 100 de leur jus. Aussi, moins le jus des pommes contient d'eau de végétation, plus il est dense, et, par suite, riche en sucre, tannin et matières mucilagineuses. Le jus des poires contient un peu plus d'eau de végétation que celui des pommes. La quantité varie entre 76 et 84 pour 100 de ce jus.

Mais pour que les pommes et les poires, même les meilleures, puissent rendre leur maximum des principes utiles que nous venons d'examiner, il est indispensable de leur donner une série de soins se rapportant : 1° à leur cueillette ou récolte et 2° à leur conservation jusqu'au moment où on doit les piler. Ce sera l'objet du chapitre ci-après.

CHAPITRE III

DE LA RÉCOLTE ET DE LA CONSERVATION DES FRUITS A CIDRE ET A POIRÉ

18. Cueillette ou récolte des fruits. — On ne doit procéder à la cueillette ou récolte des fruits à cidre et à poiré que lorsqu'ils sont assez mûrs pour se détacher des arbres facilement et sans effort, ce qu'on reconnaît, quand, par un temps calme et serein, on trouve, chaque matin, tombés sous les arbres un certain nombre de fruits sains, c'est-à-dire qui ne sont ni véreux, ni avariés en aucune façon. Il est indispensable qne ces fruits soient, en quelque sorte, fatigués de l'arbre.

19. La récolte des fruits à cidre et à poiré (N° **7**) se fait de la mi-septembre à la mi-novembre selon les variétés, les localités et l'exposition. On les détache des arbres au moyen de légères secousses données aux branches soit en montant dessus, soit en secouant leurs extrémités au moyen d'un fort crochet en fer solidement emmanché au bout d'un long bâton. Dans nos campagnes, on procède généralement trop tôt à cette cueillette qu'on fait à grands coups de gaule, opération maladroite qui a le double inconvénient de casser les lambourdes ou petites branches fruitières, ce qui diminue la récolte des années suivantes, et de meurtrir grandement les fruits, ce qui les excite à pourrir.

20. Conservation des fruits — Il faut, autant

que cela est possible, procéder à la récolte des fruits par un beau temps, afin de les rentrer secs, parce qu'alors, ils se conservent bien mieux. On doit, en les ramassant, éviter avec soin d'y mêler des corps étrangers, tels que cailloux, pierrailles, branches, feuilles, etc., qui ont l'inconvénient d'exciter la fermentation dans le tas et peuvent, en outre, endommager le concasseur, et quelquefois même donner au cidre un mauvais goût.

21. Aussitôt que les fruits sont tombés des arbres, on doit s'empresser de les ramasser et de les serrer dans des celliers, greniers, hangars et autres magasins bien propres, bien aérés et où ils soient à l'abri de la pluie et de la gelée. On les laisse ainsi en tas, jusqu'à ce que la maturation qui continue après l'abattage soit suffisamment avancée pour qu'ils aient acquis la plus grande quantité possible de sucre. En emmagasinant les pommes et poires on doit éviter de les mettre en tas trop épais, parce qu'alors, il s'établit dans la masse une grande chaleur et un commencement de fermentation qui diminue notablement leurs qualités en les faisant blettir et même pourrir. Nous croyons que les tas ne doivent pas avoir plus de 0,60 à 0,70 d'épaisseur ou hauteur.

En ramassant les fruits on doit avoir soin de ne mélanger ensemble que des fruits acquérant leur pleine maturité à la même époque, afin d'éviter le très grand inconvénient d'écraser, de piler en même temps des pommes encore vertes et des pommes pourries avec celles dont la belle couleur et la bonne odeur indiquent le parfait état de maturité.

On doit de même serrer et brasser à part les fruits tombés avant l'époque de maturité de la récolte, et désignés sous le nom de *grouins*, parce que ces fruits incomplètement mûrs ne donnent qu'un jus de mauvaise qualité, qu'on

doit boire avant les chaleurs qui le font promptement tourner à l'aigre.

22. Nous ne saurions trop engager nos cultivateurs et nos propriétaires récoltants à s'abs-
tenir de mettre, comme ils l'ont fait trop souvent, leurs pommes et leurs poires en tas
dehors, exposées au soleil et à la pluie, parce
que les alternatives de sécheresse et d'humidité, de chaleur et de froid par lesquelles ces
fruits passent sont contraires à une bonne maturation, quelles hâtent leur blessissement ou
pourriture ; enfin parce que le lavage que les
pluies leur font subir, en faisant entrer par
leurs pores de l'eau dans leur chair, diminue
leur parfum et la quantité de sucre qu'elles
contenaient. Ils devront aussi s'attacher soigneusement à préserver leurs fruits de la gelée
qui les détériore au moins autant que la pluie.

23. Ce résultat si utile peut s'obtenir facilement en plaçant, comme nous l'avons déjà dit,

les pommes et les poires dans des bâtiments, des greniers ou des hangars couverts, lorsqu'on en a assez à sa disposition. Mais dans les années de grande abondance de la récolte, la place vient quelquefois à manquer.

24. Dans ce cas, nous conseillons à nos récoltants de construire des hangars économiques de la manière suivante : Planter en terre deux lignes parallèles de gros pieux, enfoncés de 0^m 50 à 0^m 60 centimètres et espacés entre eux d'un mètre 50 centimètres. Les deux lignes de pieux seront écartées entre elles de quatre mètres, longueur à volonté. Les pieux devront avoir hors terre une hauteur de 0^m 70 à 0^m75. Attacher solidement contre ces pieux et en dedans, au moyen de pointes, deux fortes gaules ; puis lier à ces gaules par des ficelles des paillassons de paille longue de blé ayant cinq à six centimètres d'épaisseur. Un des deux bouts de l'espace compris entre les côtés parallèles sera clos comme ces côtés ; l'autre, maintenu libre provisoirement, servira d'entrée pour placer les fruits. Quand le rectangle ainsi formé sera plein de fruits sur une épaisseur de 0^m60 à 0^m 70 cent., pas plus, on fermera le quatrième côté comme les trois autres. Puis on fichera solidement en terre deux fortes perches ayant deux mètres de hauteur, une à chaque bout du rectangle et à égale distance des deux côtés. On reliera leur sommet par une forte tringle qui servira de faîte. Quelques gaulettes attachées d'un bout sur ce faîte et de l'autre sur la tringle ou gaule supérieure des côtés serviront de chevrons, sur lesquels on attachera avec des ficelles ou des brins d'osier des paillassons de paille longue de blé de huit à dix centimètres d'épaisseur, qui formeront ainsi une bonne couverture, laquelle garantira pleinement les fruits du soleil, des brouillards et de la pluie.

On devra mettre de préférence, sous ces hangars improvisés, les fruits précoces et demi-précoces afin qu'ils soient pilés, ou vendus et livrés, avant l'arrivée des grands froids. S'il survenait néanmoins des gelées un peu fortes avant que tous les fruits serrés sous ces hangars soient brassés, on devrait s'empresser de tasser sur les fruits restant encore, un lit de bottes de paille qu'on recouvrirait de bâches, de toiles à battre le colza, voire même de sacs, poches et autres objets ; on préserverait ainsi les fruits des atteintes de la gelée. On devra de même couvrir avec des bottes de paille, des toiles, bâches, etc., les fruits placés dans des bâtiments ou greniers dont les murailles ou la couverture ne sont pas assez épaisses pour empêcher la gelée d'y pénétrer.

25. Si nous insistons autant sur la nécessité de préserver les fruits à cidre et à poiré des influences pernicieuses de la pluie et de la gelée, c'est que des expériences réitérées ont prouvé, d'une façon irréfutable, que les fruits lavés d'eau, blets, gelés ou pourris sont privés de la meilleure partie de leur sucre et de leur parfum et ne peuvent donner qu'un cidre incolore, sans saveur et sans force et devenant promptement aigre, c'est-à-dire sur.

26. En général, nos récoltants de pommes, cultivateurs et autres, joignent presque tous au tort de ne pas préserver leurs fruits des atteintes nuisibles de la pluie et de la gelée, celui de les garder trop longtemps dans l'espoir d'en voir augmenter le prix. Ils ne les vendent ou ne les pressurent pour eux-mêmes qu'à la dernière extrémité, c'est-à-dire quand il y en a un quart et quelquefois davantage de blettes ou pourries. Comme eux-mêmes aussi bien que leurs acquéreurs n'ont pas ensuite le soin de retirer ces fruits gâtés lors du pressurage, ils n'ont tous, vendeurs et acheteurs, que des cidres et boissons pâles, sans force, sans parfum et tellement acides, tellement surs, qu'on les prendrait pour du vinaigre faible. Aussi sommes-nous convaincu que c'est à l'usage prolongé de ces mauvaises boissons qu'ils doivent une foule d'indispositions, de douleurs d'entrailles qui les atteignent fréquemment et dont ils ne soupçonnent pas la cause.

CHAPITRE IV

DU PRESSURAGE OU BRASSAGE DES FRUITS

27. Le pressurage, pilage ou brassage des fruits à cidre et à poiré comprend deux sortes d'opérations : 1° Les soins à donner aux fûts et au pressoir ; etc. 2° les opérations du pressurage proprement dit.

28. Soins à donner aux fûts. — Ces soins sont de deux sortes : extérieurs ou intérieurs.

29. Soins extérieurs. — Ces soins consistent à placer les fûts à cidre et à poiré dans des caves souterraines, ou dans des celliers, propres, bien aérés ; ni trop frais, ni trop secs, et autant que possible à l'abri de la gelée comme des grandes chaleurs. On doit toujours tenir les fûts soit vides, soit pleins, sur des *chantiers* formés de deux longues et fortes solives reliées entre elles par des barres transversales sur un écartement de 0ᵐ 35 à 0ᵐ 45 au plus, suivant la longueur des fûts. Ces chantiers devront être eux-mêmes appuyés sur des dés en pierre ou en bois, vulgairement nommés *chouquets*. On doit veiller attentivement à ce que les fûts soient bien et solidement reliés avec des cercles de bois ou de fer et maintenus en bon état de conservation, de solidité et de propreté extérieure ; mais il faut avoir soin de conserver le bois à son état naturel, sans les peindre ni badigeonner de quelque façon que ce soit sous peine de les voir tomber en pourriture au bout de quelques années.

30. Soins intérieurs. — Dès qu'un fût est vide, on doit s'empresser de retirer la lie qui est au fond, puis le brosser en tous sens avec une longue chaînette en fer que l'on introduit par la bonde et qu'on fait rouler dans le tonneau avec deux seaux d'eau. On le rince ainsi avec deux seaux d'eau et la chaîne, autant de fois que cela est nécessaire pour que l'eau mise en ressorte à la fin bien claire. On le laisse ensuite égoutter, et, lorsqu'il n'y a plus d'eau, mais que le bois est encore humide, on brûle dedans une mèche soufrée, puis on le bondonne hermétiquement et on le laisse ainsi jusqu'au moment où on veut le remplir de nouveau.

Nous conseillons de brûler ainsi une mèche soufrée dans chaque tonneau ou fût, aussitôt après le rinçage, parce que la combustion de cette mèche donne naissance à de l'acide sulfureux, et que ce gaz, qui jouit de la propriété d'arrêter les fermentations, empêche la moisissure et l'acidification des tonneaux et les maintient ainsi en bon goût et bonne odeur. Par ce procédé que nous employons depuis très longtemps, nous avons pu conserver des fûts vides pendant plusieurs années sans aucune altération.

Lorsque le moment est venu de faire servir de nouveau les fûts ainsi soignés, on les rince de nouveau avec deux seaux d'eau chaude bien propre on y laisse cette eau séjourner quelque temps, afin de s'assurer qu'ils sont parfaitement étanches. On les vide alors, on les égoutte bien, et on y brûle environ un quart de tasse à café d'alcool à 80 degrés par tonneau, afin de les purger d'air et on entonne immédiatement.

31. Procédés de désinfection des tonneaux malpropres. — Si, malgré ces précautions, ou plutôt, parce qu'on aurait négligé de les prendre, il arrivait qu'un ou plusieurs fûts eussent contracté un goût de *pourri* ou de *moisi*, goût connu dans nos campagnes, sous le nom de goût de *remucre,* ou même, ce qui est pis encore, cette puante odeur de lies tournées, que l'on désigne communément sous le nom *d'excrément d'ivrogne* et que les chimistes appellent *acide butyrique;* il faudrait, avant de s'en servir, essayer de les désinfecter. On y parviendra en employant un ou plusieurs des procédés ci-après indiqués.

Premier procédé. — On introduit dans le tonneau un kilogramme de chaux vive ; on y entonne ensuite trois seaux d'eau ; on agite fortement la pièce jusqu'à ce que la chaux soit entièrement dissoute. On laisse séjourner ce lait de chaux dans le fût pendant au moins deux à trois jours, en ayant soin de l'agiter fortement dans tous les sens plusieurs fois chaque jour. Au bout de ce temps on retire ce lait de chaux, et on rince le tonneau à grande eau plusieurs fois de suite.

Deuxième procédé. — Si la mauvaise odeur n'est pas entièrement partie, on verse dans le fût un plein seau d'eau additionnée d'un kilogramme et demi d'acide sulfurique (désigné dans le commerce sous le nom d'huile de vitriol, ou simplement vitriol) et on l'y laisse séjourner pendant au moins trois jours, en roulant fréquemment le tonneau dans tous les sens afin que toute sa surface inférieure se trouve bien imprégnée de ce liquide. Au bout de ce temps, on le retire et on rince à plusieurs reprises.

Troisième procédé. — Si les deux procédés ci-dessus indiqués n'ont pas réussi à désinfecter complètement le tonneau, on y entonnera un seau d'eau dans lequel on aura fait dissoudre auparavant 250 grammes (demi-livre) de chlorure de chaux, et on l'y laissera séjourner pendant quatre jours au moins. On retirera ensuite cette eau chlorurée et on rincera le tonneau à grande eau à trois ou quatre reprises. On y brûlera ensuite une demi-mèche soufrée et on bondonnera.

Quatrième procédé. — Ce procédé, qui devra être employé le dernier et dans tous les cas, c'est-à-dire après un ou plusieurs des précédents, consiste à entonner dans le fût, suivant sa grandeur, trois quarts de seau à un seau et demi de moût de deuxième cidre, bouillant, et à l'y laisser jusqu'à complet refroidissement en agitant fréquemment le tonneau dans tous les sens afin d'en bien imprégner toute sa surface intérieure. Lorsqu'il sera complètement refroidi, on le jettera.

Ce procédé qu'on devra toujours employer a pour but de redonner au fût l'odeur, le fumet de bon cidre que l'emploi des procédés précédents lui ont fait perdre.

Si, après ces quatre procédés d'assainissement

employés successivement, le tonneau conservait encore tant soit peu de l'odeur nauséabonde qu'on a eu en vue de combattre et détruire, il faudrait l'abandonner et en acheter un neuf, car il est tout à la fois plus économique et plus salutaire de perdre un mauvais fût que de gâter, que d'empoisonner son cidre.

32. Soins à donner au pressoir. — Ces soins consistent d'abord à examiner attentivement si tous les ustensiles, concasseur, pelles, seaux, baquets, cuves, faisselle, vis de pression, etc., sont en bon état, et, s'ils n'y sont pas, à les y faire mettre. Il faut ensuite abreuver à l'eau froide les baquets, les cuves et la faisselle, afin qu'ils ne fuient pas ; il faut enfin bien laver à plusieurs reprises, avec de l'eau chaude, ces divers ustensiles dans toutes celles de leurs parties qui doivent se trouver en contact avec la pulpe ou le jus des fruits, afin de leur ôter le goût de *moisi* ou du *remucre* qu'ils contractent ordinairement durant le temps qu'ils ne servent pas, et qui gâterait le cidre.

N. B. — Les soins de propreté dans la fabrication du cidre sont d'une absolue nécessité, et ceux qui les négligent s'exposent à diminuer notablement la qualité de leurs produits.

33. Du pressurage proprement dit. — Les pommes et les poires de pressoir sont loin de renfermer au moment de la récolte tout leur sucre alcoolisable que la maturation y développe aux dépens des autres principes constituants du fruit, notamment de l'amidon, de la gomme et du ligneux. Il est donc très important de ne les piler que lorsqu'ils ont atteint un degré de maturité convenable. Mais il est non moins important de ne point laisser passer ce terme utile, car à mesure que l'excès de maturité augmente, la quantité de sucre alcoolisable renfermée dans les fruits mûrs à point, diminue, par suite de la fermentation qui s'établit au sein du fruit et convertit peu à peu ce sucre en alcool et en acide carbonique qui se dégagent et s'évaporent en même temps que le parfum.

Les savantes recherches de MM. Couverchel et Bérard sur la composition chimique des fruits à leurs différentes époques de maturité confirment pleinement ce que nous venons de dire. Il résulte, en effet, de ces travaux repris en 1869, par MM. de Boutteville et Hauchecorne (1) que tandis que les fruits verts ne contiennent qu'environ 6 pour 100 de sucre, les fruits mûrs à point en renferment 12 pour 100; mais que les fruits blets, c'est-à-dire passés mûrs n'en contiennent plus que 8 pour 100, et seulement des traces quand ils sont entièrement pourris.

(1) Voir leur livre intitulé *Le cidre*, page 237.

C'est donc une grave erreur de croire, comme on l'a malheureusement trop longtemps répété, que les pommes et poires pourries améliorent le cidre ou le poiré, et qu'il est nécessaire d'attendre pour les piler que le tas en contienne une certaine quantité. C'est aussi absurde que si l'on soutenait que pour faire une bonne omelette il faut mêler des œufs pourris avec les œufs frais.

En effet les fruits pourris dans lesquels le sucre a disparu presque entièrement ne peuvent plus donner qu'un jus fade, désagréable au goût et qui communique au cidre ou au poiré un goût de pourri que ni la fermentation ni le temps ne peuvent plus ensuite faire disparaître. En outre le jus des pommes et poires pourries empêche le cidre de s'éclaircir, et, enfin, il agit sur la masse du cidre comme un levain acide et le fait promptement passer à l'aigre.

34. Aussitôt donc que les pommes à cidre ont acquis le degré de maturité convenable dont nous venons de parler, ce qui se reconnaît avons nous déjà dit (N° **7**) quand elles ont acquis une belle couleur jaune d'or, que leurs pépins sont devenus brun foncé, qu'elles répandent une bonne odeur de fruits mûrs et qu'en les pressant entre les doigts elles se meurtrissent facilement et profondément, on doit s'empresser de travailler à la fabrication du cidre.

Mais comme le jus des pommes et des poires est renfermé dans des petites cellules extrêmement nombreuses et accolées les unes aux autres et d'où il serait très difficile de le faire sortir par la pression seule, on les écrase et on réduit leur pulpe ou parenchyme en une espèce de pâte appelée *marc* afin de déchirer le plus grand nombre possible de ces petites cellules ou logettes et faciliter ainsi l'écoulement du jus.

35. On se sert à cet effet dans les ménages et dans la plupart des fermes du pays de Caux d'un moulin à cylindres cannelés dont les cannelures s'entre-croisent en tournant. Cet instrument, appelé ordinairement concasseur à cylindres ou moulin Leblanc, du nom de son inventeur, est tellement connu de tout le monde que nous croyons inutile d'en faire la description.

Nous ne parlerons que pour mémoire du tour à auges qui est très dispendieux à établir, ne fait que de la mauvaise besogne et qui tend, du reste, à disparaître de même que la presse au moyen d'un long et très gros arbre nommé *mouton*.

Nous ne dirons rien non plus de l'écraseur Salmon et du concasseur Berjot, qui sont des instruments d'un réel mérite, mais dont le prix très élevé joint à cette circonstance qu'ils ne peuvent fonctionner à bras d'homme les rend

impraticables pour la plupart de nos cultivateurs et surtout pour nos ménages d'ouvriers
et de petits rentiers. On ne peut les recommander qu'aux grands producteurs de cidre
pour le commerce et aux brasseurs de profession.

Revenons donc à notre moulin Leblanc, qui,
bien monté et bien conduit, fait d'aussi bonne
besogne que les concasseurs ou écraseurs ci-
dessus rappelés, mais va beaucoup moins vite,
ce qui, du reste, n'a d'inconvénient que pour
ceux qui veulent fabriquer de très grandes
quantités de cidre.

35 *bis*. Pour écraser avec cet instrument les
pommes ou les poires qu'on veut pressurer, on
les met dans la trémie placée directement au-
dessus des cylindres et on fait tourner ceux-ci
au moyen de deux manivelles situées à chaque
extrémité de l'axe du cylindre fixe. Les cylindres saisissent les fruits dans leur mouvement

de rotation et les brisent, les déchirent dans leurs cannelures. Nous conseillons de passer de suite une seconde fois, au moulin, le marc obtenu du premier écrasement, afin de déchirer le plus possible le parenchyme ou pulpe du fruit, lequel compose l'enveloppe des petites cellules renfermant le jus.

36. **Du cuvage**. — Nos ouvriers pileurs et la plupart de nos cultivateurs et autres consommateurs de cidre ont le tort grave de monter le marc de leurs pommes sur la faisselle ou tablier de la presse au fur et à mesure de l'écrasement des fruits et de le presser aussitôt que l'écrasement et le montage sont terminés. Le cidre qu'ils obtiennent ainsi est pâle, moins sucré, et contient moins de parfum. Il est ainsi très inférieur en qualité. Il est donc indispensable de faire cuver le marc pendant au moins dix-huit à vingt heures, c'est-à-dire de le déposer dans une cuve ouverte à l'air libre, en ayant soin de le remuer de temps en temps avec une pelle, ce qu'on nomme pelleter.

37. Ce cuvage a plusieurs grands avantages.

1° Il facilite le développement dans la pulpe d'une matière colorante rouge-brun soluble dans le jus. C'est cette matière colorante qui donne au cidre cette belle couleur ambrée tirant sur le rouge qui rend les cidres si agréables à l'œil, et qu'on cherche à obtenir sans toutefois y parvenir entièrement, en y mélangeant du caramel, ou des fleurs de coquelicot ou bien des baies de sureau, ou enfin du jus de betterave rouge, ingrédients qui tous altèrent plus ou moins le goût naturel du bon cidre.

2° Il établit dans le marc un commencement de fermentation qui détermine le gonflement et par suite la rupture des cloisons des cellules du fruit qui ont échappé à l'action du moulin;

on obtient ainsi plus de jus que lorsqu'on ne fait pas cuver.

3° Il aide notablement le jus à s'imprégner du parfum des pommes et de leur principe amer par suite de son contact prolongé avec la pulpe qui renferme ces principes.

4° Il augmente la quantité du sucre dans le jus par son action sur la cellulose, la gomme et les matières mucilagineuses et amylacées des fruits.

5° Il augmente la quantité de ferment dans le jus par l'action de l'oxygène de l'air sur les matières albuminoïdes contenues dans le fruit. Plus donc ce cuvage sera prolongé, sans toutefois dépasser vingt-cinq à trente heures, et plus le jus sera sucré, coloré, parfumé et disposé à fermenter régulièrement et surtout rapidement.

38. Pression du marc. — Ici nous croyons utile de distinguer entre le cidre pur et le petit cidre ou boisson de ménage. Si vous voulez faire du cidre pur, pressez votre marc préparé comme nous l'avons dit (N° **35** *bis.*) après une macération ou cuvage de dix à douze heures ; mettez de côté, dans une cuve, le jus obtenu par cette première pression ; passez de nouveau le marc au moulin et faites-le macérer une seconde fois pendant encore dix à douze heures dans le jus obtenu par la première pression, que vous verserez dessus. Cette seconde macération terminée, pressez-le de nouveau aussi longuement et aussi fortement que vous pourrez, eu égard à la force de la presse dont vous disposez et vous obtiendrez à cette seconde pression, par hectolitre de pommes, au moins huit à dix litres de jus de plus qu'à la première pression. Traitez ensuite votre marc comme il va être dit à l'article Boisson ci-après, pour achever d'épuiser les principes utiles qu'il contient encore.

39. **Petit cidre ou boisson de ménage**. —
Quand on ne voudra pas faire du cidre pur
mais seulement du petit cidre dit boisson de
ménage ou boisson usuelle, on procédera comme
il va être dit :

On prendra sept hectolitres de pommes de
bonne qualité et bien mûres, par chaque pièce
de six hectolitres de boisson que l'on voudra
faire (1). On écrasera les pommes comme il a
été dit (N° **35** *bis.*) Après quoi on fera subir
au marc un premier cuvage de quinze heures

____

(1) Le chiffre de 7 hectolitres que nous indiquons ci-
dessus pour chaque pièce de six hectolitres de liquide
est le minimum que l'on doive employer afin d'avoir une
boisson suffisamment alcoolique pour pouvoir se conserver, sans altération, pendant dix-huit mois à deux ans.
Mais il va de soi qu'on peut augmenter ce chiffre de 1, 2
ou 3 hectolitres et même davantage, selon la force que
l'on veut donner à sa boisson. De même, si l'on voulait
faire de la boisson faible pour être bue de suite, on
pourrait diminuer la quantité ci-dessus indiquée et descendre à 6, 5 et même 4 hectolitres par pièce de 6 hectolitres de liquide.

au moins (N^os **36** et **37**). On pressera ensuite
le marc comme il vient d'être dit (N° **38**), et
on entonnera le jus obtenu dans un fût contenant six hectolitres, bien propre, bien soigné
et soufré comme nous l'avons enseigné (N° **30**).
Mais comme le marc ainsi traité contient encore,
après cette première opération, du sucre, du
tannin, du mucilage, de la matière colorante
et du parfum, on le soumet à une seconde
macération, en versant dessus trente litres
d'eau par hectolitre de pommes employées.
Cette seconde macération ne doit pas être
moindre de quinze heures et peut être plus
longue sans inconvénient. Quand elle est terminée, on presse de nouveau le marc et on
obtient un liquide encore sucré, parfumé et
coloré qu'on nomme deuxième cidre et qu'on
entonne par-dessus le premier jus. On fait encore macérer le même marc avec une nouvelle
quantité d'eau égale à la première pendant au

moins vingt heures ; on presse une troisième fois et on obtient le troisième cidre qu'on entonne par-dessus les précédents. Le fût sera alors plein et il en restera même quelques litres que l'on gardera pour garnir le fût après le soutirage (N° **44.**).

N. B. — Si au lieu d'un fût de six hectolitres, on avait, pour arriver à la même contenance, deux ou trois fûts plus petits, il faudrait partager chacun des trois cidres entre tous les fûts dans la proportion de la grandeur de chaque fût.

Quand les pommes sont très chères, qu'elles coûtent de sept à douze francs l'hectolitre, il est profitable de ne mettre à chaque fois, sur le marc, que vingt litres d'eau par hectolitre de pommes employées et tremper le marc une troisième fois et faire du quatrième cidre. En opérant ainsi, on épuise mieux le marc et on a, par ce moyen, un peu plus de boisson et elle est en outre meilleure.

On pourra diminuer le prix de la boisson, lorsque les pommes sont chères en ne mettant que 5 hectolitres de pommes au lieu de 7, en en trempant le marc trois fois à raison de 30 litres d'eau par hectolitre de pommes employées et en délayant dans le fût 7 kilogrammes de sucre en pain. On aura par ce moyen une boisson très saine et très agréable susceptible d'une assez longue conservation, et qui coûtera de 7 à 15 francs de moins par tonneau de 6 hectolitres de boisson, selon le prix des pommes. On pourrait diminuer davantage encore le prix de revient, en remplaçant les 7 kilogrammes de sucre en pain par 10 kilogrammes de bonne mélasse de raffinerie. Mais alors la boisson serait un peu moins agréable à cause du goût de mélasse qu'elle conserverait pendant un temps assez long.

40. Mode de pression. — Dans presque toutes

les fermes et ménages du pays de Caux, de
toute la Seine-Inférieure et probablement aussi
dans d'autres départements, on se sert, pour
presser le marc des pommes, des poires, d'un
tablier ou plancher muni à son centre d'une
forte vis en fonte, avec un écrou de même
métal, et qu'on nomme faisselle ou maie. On
place le marc des pommes ou des poires sur
cette faisselle par lits d'un mètre carré sur
8 à 10 centimètres d'épaisseur, et dont la vis
occupe le centre. On se sert à cet effet d'un
cadre en bois nommé *écarriture*. On sépare
chaque lit de marc par un lit de paille longue
ou *gluis* de seigle, de blé ou d'avoine, jusqu'à
ce qu'on ait ainsi élevé dix, onze et quelquefois
douze lits de marc superposés, séparés par
autant de lits de paille. On place ensuite sur le
dernier lit de paille une lourde table en bois,
nommée le *hec*, qu'on charge de traverses ou
billots en bois appelés *chouquets* et qu'on en-

tre-croise jusqu'à ce qu'on ait atteint le haut de la vis. On presse ensuite en faisant descendre l'écrou au moyen d'un levier.

Ce mode de procéder qui est à peu près le seul employé dans notre département a, selon nous, plusieurs inconvénients graves :

1° Le marc se trouvant en contact avec le fer de la vis, celle-ci s'oxyde, se rouille, et met ainsi de l'oxyde de fer dans le cidre, ce qui le porte à noircir, à se tuer comme on dit vulgairement.

2° La paille, qui n'est pas toujours suffisamment propre, peut communiquer au jus un mauvais goût et y mêler des substances qui peuvent le faire aigrir.

3° Comme cette paille s'écrase facilement sous l'effort de la pression, il arrive que les lits de marc ne sont, pour ainsi dire, plus séparés; que la presse pèse conséquemment sur une masse de marc égale à la hauteur totale des lits, et que, par suite, le jus sort plus difficilement.

4° Enfin, comme une partie du marc s'éboule toujours sous la pression et se trouve entraînée dans le réservoir avec le jus, une partie plus ou moins considérable de pulpe se trouve entonnée dans le fût avec le cidre, malgré le tamis à travers lequel on coule le liquide. Cela peut, il est vrai, concourir à activer la fermentation tumultueuse; mais cette fermentation achevée, la même pulpe se précipite peu à peu, sous forme de lie épaisse, au fond du tonneau, où elle continue d'agir comme ferment sur l'alcool qu'elle transforme en acide acétique ou vinaigre. Aussi sommes-nous persuadé que là se trouve la principale cause de l'acidité prononcée qu'on rencontre dans la plus grande partie des boissons de nos cultivateurs et autres habitants de nos campagnes.

41. Autre méthode — Pour éviter les inconvénients ci-dessus relatés, nous conseillons de séparer chaque lit de marc par deux toiles de chanvre et par deux claies d'osier, ou mieux par deux petites tablettes en feuillet de sapin, garnies de petites tringles de chaque côté, et ayant 1 mètre de longueur sur 0^{m}45 de largeur, en procédant comme il suit.

On commence par étendre deux toiles sur le plancher de la faisselle, une de chaque côté de la vis; ces deux toiles devront être assez longues et assez larges pour dépasser les bords du lit de marc de 0^{m}60 tout autour. On élève sur ces toiles un premier lit de marc d'un mètre carré de superficie sur 0^{m}10 d'épaisseur au moyen du cadre de bois ou *écarriture*. On enlève ensuite l'écarriture et on relève le bord des toiles sur le marc de façon qu'il en soit entièrement recouvert. On place sur ces toiles ainsi relevées deux claies d'osier ou deux petites tablettes en feuillet dont la description précède, et on les recouvre de deux nouvelles toiles sur lesquelles on monte un second lit de marc comme il vient d'être dit. On continue ainsi, en séparant chaque lit de marc du précédent par deux toiles surmontées de deux claies ou de deux tablettes jusqu'à ce que tout le marc soit monté. On recouvre le dernier lit des bords des toiles qui sont placées dessous, on pose par-dessus ces toiles deux dernières claies on tablettes sur lesquelles on abat le *hec* et les chouquets, et on presse comme à l'ordinaire. Par ce moyen, très facile à employer, le jus s'écoule plus facilement et avec plus d'abondance et en outre il est bien plus clair, bien plus limpide, attendu que la pulpe ne peut plus se mélanger au liquide.

42. De la qualité de l'eau à employer pour tremper les marcs. — Pour utiliser toutes les parties solubles et utiles contenues dans le marc des pommes. il est indispensable, avons-nous dit (N° **39**), de le faire macérer, à plusieurs reprises avec de l'eau, et de le presser après chaque macération. Est-il utile de se préoccuper de la qualité de l'eau ainsi employée? Oui, certes! et c'est ce à quoi on n'apporte pas assez d'attention dans nos campagnes ; car c'est presque toujours de la qualité de l'eau employée que dépend celle du cidre.

Pour que l'eau soit bonne il faut :

1° Qu'elle soit fraîche et claire ;

2° Qu'elle soit sans saveur et sans odeur d'aucune sorte ;

3° Qu'elle conserve sa transparence, c'est-à-dire sa limpidité lorsqu'ou la fait bouillir ;

4° Enfin qu'elle dissolve bien le savon et surtout qu'elle cuise bien les légumes secs, tels que les pois, les haricots, etc.

Les meilleures de toutes les eaux potables, c'est-à-dire qui servent à l'alimentation de l'homme sont, sans contredit, les eaux de pluie recueillies dans des citernes, dans des tonneaux, ou dans des mares bien curées chaque année et entretenues dans un grand état de propreté. Mais comme ces mares propres et bien entretenues sont rares dans nos campagnes et que les citernes y sont presque aussi rares, nous conseillons fortement à tous ceux qui n'auraient pas d'eau de gouttières en quantité suffisante pour fabriquer leur cidre de faire le sacrifice d'un ou deux voyages à la source la plus voisine de leur domicile, plutôt que de mettre dans leurs marcs des eaux de mares corrompues; à plus forte raison proscrivons-nous l'absurde usage, que nous avons vu pratiquer, d'y mettre du *purin* ou *jus de fumier*, sous prétexte que ça rend la boisson plus colorée et plus grasse, ce qui est possible, mais ce qui la rend aussi certainement plus puante et surtout plus malsaine, voire même dangereuse pour la santé.

Il résulte en effet des savants travaux de MM. Chevreul, Pelouze, Morin et autres, que les jus de fumier, les eaux de mares fréquentées par les bestiaux, contiennent en dissolution de l'acide butyrique, soit à l'état libre, soit à l'état de butyrate de chaux, et que cette substance malsaine et de mauvais goût peut occasionner des maladies graves et même quelquefois mortelles par l'usage prolongé des boissons qui en contiennent.

En résumé, toutes les eaux butyreuses, séléniteuses, colorées ou renfermant des détritus de végétaux en décomposition, doivent être rigoureusement proscrites de la fabrication des boissons. Toutefois si on ne pouvait se procurer soit de l'eau de gouttières, soit de l'eau de source claire et limpide, on pourrait employer des eaux de mares malpropres et corrompues, mais en ayant soin de les faire passer au travers d'un filtre de charbon de bois pulvérisé et de sable fin qui les débarrasserait de toutes les matières étrangères pouvant les altérer.

43. Cidre de ménage par déplacement, ou cidre à l'alambic. — On nomme méthode par déplacement, ou par lixiviation, ou méthode à l'alambic, un mode de fabriquer la boisson, consistant à déplacer le jus des pommes par la pression de l'eau qui s'introduit jusqu'à un certain point à sa place. On comprend sans peine qu'il n'est pas possible de faire du cidre pur avec cette méthode, mais on obtient par ce procédé, une excellente boisson de ménage. Sept hectolitres de pommes de bonne qualité donnent six hectolitres de boisson richement colorée et parfumée, douce et limpide et suffisamment alcoolique pour se conserver bonne pendant une année et même plus.

Pour bien réussir par cette méthode, voici comment il faut procéder. On commence par prendre une cuve suffisamment grande pour contenir la pulpe des 7 hectolitres de pommes qu'on veut pressurer, plus 190 à 200 litres d'eau. Cette cuve est munie d'un robinet placé au ras du fond et au-devant du trou duquel on cloue un morceau de toile, pour filtrer le jus et l'avoir limpide. On place ensuite la cuve en chantier en lui donnant 4 à 5 centimètres de pente vers le trou du robinet afin de faciliter l'écoulement du liquide. Cela fait, on écrase les pommes comme nous l'avons enseigné (N° **35** bis.) On dépose la pulpe dans la cuve et on la laisse macérer dans son jus pendant une dizaine d'heures Au bout de ce temps on tasse fortement la pulpe, en ayant soin d'entonner dans le fût le peu de jus qui s'en échappe et qu'on nomme mère-goutte. On verse alors sur ce marc environ 16 seaux d'eau et on laisse macérer, tremper pendant huit heures, après quoi on soutire dans une autre cuve ou dans deux baquets, le liquide provenant de cette première macération, qu'on reverse ensuite sur le marc après l'avoir bien pelleté, puis tassé de nouveau. Huit heures plus tard, on répète cette opération, puis après avoir laissé macérer pendant encore huit heures, soit en tout vingt-quatre heures après la mise de l'eau, on soutire et on entonne ce premier liquide. Si, au lieu d'un tonneau de 6 hectolitres, on en avait plusieurs plus petits, il faudrait partager le liquide entre tous proportionnellement à la grandeur de chacun d'eux. On met ensuite 16 nouveaux seaux d'eau sur le marc et on opère comme il vient d'être dit. Vingt-quatre heures après, on soutire et on entonne le produit de cette seconde macération de la même manière que la première. On verse encore une troisième fois 16 seaux d'eau sur le marc ; on traite cette troisième macération comme les deux premières. Au bout de vingt-quatre heures on soutire le liquide et on entonne. S'il arrive que le ou les fûts ne soient pas entièrement pleins, on verse encore quelques seaux d'eau sur le marc et on fait une quatrième macération qui suffit à les remplir complètement.

C'est là, on en conviendra, une méthode très simple, et il est impossible d'imaginer rien de plus commode et de moins dispendieux. C'est surtout pour les ouvriers qui sont absents de leur maison toute la journée que ce procédé est avantageux, et d'autant plus avantageux, qu'il joint la qualité du produit à l'économie de la main-d'œuvre.

Depuis une dizaine d'années nous faisons notre cidre au moyen d'un petit pressoir de notre invention. Ce petit pressoir, qui réunit les avantages de la méthode par la presse à ceux de la méthode à l'alambic, a en outre le mérite de ne point mettre la pulpe en contact avec le fer de la vis; de ne tenir que fort peu de place; et enfin de donner par un travail facile des produits supérieurs en qualité et d'une limpidité, d'une propreté exquise.

Nous en donnerons la description à la fin de notre première partie avec une légende explicative sur la manière de s'en servir.

Le dessin du pressoir à la fin du volume.

CHAPITRE V

DES SOINS A DONNER AUX JUS — DU SOUTIRAGE
COUPAGE DU CIDRE PUR

44. Des soins à donner aux jus. Cidre pur. Après avoir traité la pulpe ou marc comme nous l'avons expliqué (N° **38**), on entonne le jus dans un fût bien propre (N° **30**). On emplit la pièce ou tonneau jusqu'à 10 centimètres de la bonde, et on met le bondon, libre, dans le trou, afin de faciliter la sortie de l'acide carbonique qui se forme pendant la fermentation, et em- pêcher qu'il n'y entre aucun insecte et que rien de malpropre n'y tombe. Au bout de quelques jours la fermentation tumultueuse s'établit et dure ordinairement de quinze à vingt jours. Si elle tardait trop à commencer à cause de la basse température de la cave ou du cellier, on l'exciterait en fouettant le liquide deux ou trois fois par jour, durant huit à dix minutes avec un bâton large et plat qu'on introduit par la bonde. Si ce moyen ne réussissait pas, il faudrait alors élever la température du local jusqu'à 15 à 18 degrés centigrades, au moyen d'un poêle garni de tuyaux dans lequel on ferait du feu jusqu'à ce que la fermentation soit bien établie. On pourrait au besoin ajouter au liquide un peu de levûre de bière.

Quinze à vingt jours après que la fermentation tumultueuse est achevée, alors que le chapeau de lie bien formé, surnage encore le liquide et que le cidre, suivant l'expression consacrée, est *entre deux lies*, on procède au soutirage. Dans les grandes cidreries, on soutire le cidre par la bonde, au moyen d'un siphon ou d'une pompe à main, mais pour les particuliers qui n'ont à soutirer que le cidre et la boisson nécessaire aux besoins de leur maison, on se sert, et cela suffit, d'une forte chantepleure ou robinet en bois ou en fer-blanc qu'on fixe dans le bas du tonneau. Par ce robinet on emplit les seaux qu'on reverse ensuite dans un tonneau vide au moyen d'un entonnoir. Ce fût devra être soigneusement nettoyé auparavant. (N° **30.**) On arrête l'opération dès que le cidre clair est épuisé, c'est-à-dire aussitôt que les premiers flocons de lie apparaissent.

Quand le soutirage est terminé on cachoue le cidre-c'est-à-dire qu'on fait dissoudre dans trois ou quatre litres d'eau bouillante environ 50 grammes d'extrait sec de cachou par hectolitre de cidre. On entonne la dissolution refroidie dans le fût en la passant au travers d'une toile à mailles peu serrées. On agite ensuite le liquide avec un bâton qu'on introduit par la bonde afin de bien opérer le mélange. Si le cidre a été fabriqué avec des pommes peu riches en tannin, telles que la pomme de Cat, Gros Muscadet, Fréquin blanc, Bénard, Argile nouvelle et autres espèces qui ne contiennent que de 1 à 3 millièmes de tannin au lieu de 6 à 7 qui sont nécessaires, on fera bien de porter la dose de cachou jusqu'à 75 ou 80 grammes par hectolitre de cidre soutiré (1).

(1) Nous avons déjà parlé plusieurs fois de cachou, disons donc ce que c'est que cette substance. Le cachou est l'extrait du mélange de sucs provenant de l'expression des fruits et de la décoction du bois intérieur du tronc de plusieurs grands acacias des Indes-Orientales, notamment de l'acacia-cathécu et du mimosa-catéchu. C'est une substance sèche, cassante, d'un rouge noirâtre, surtout à l'intérieur, sans odeur précise, d'une saveur très astringente, d'une amertume légère suivie d'un arrière-goût sucré.

D'après M. A. Hauchecorne, « le cachou contient un peu plus de la moitié de son poids d'une sorte de tannin qui jouit d'une action très énergique sur les substances albumineuses et ferrugineuses. Il nous paraît être, dit ce

On achève ensuite de garnir le fût jusqu'à 3 centimètres du bord. On remet le bondon libre dans le trou pendant un mois encore durant lequel la fermentation continue mais lentement et avec calme. C'est durant cette seconde fermentation que la réaction des acides sur l'huile essentielle des fruits donne naissance à l'éther qui constitue le bouquet des cidres.

Un mois ou six semaines après le soutirage, quand le cidre n'a plus qu'une saveur légère-

savant, le meilleur succédané du tannin naturel de la pomme. Il faut autant que possible l'ajouter au cidre lors du soutirage qui suit la fermentation tumultueuse, parce que c'est pendant la fermentation calme ou secondaire que s'opère la combinaison intime du cachou avec les différentes matières sur lesquelles il doit réagir. — Les cidres cachoués sont limpides et ne noircissent pas à l'air. — Cette pratique, que nous considérons indispensable au bon conditionnement des cidres purs, n'aura plus sa raison d'être, bien entendu, le jour où les variétés à fruits complets dépasseront en nombre celles qui ne peuvent fournir aujourd'hui de cidres accomplis. » (A. Hauchecorne, *Le Cidre*, mémoire couronné par le Comice agricole de Dinan, 1872.)

ment sucrée, on verse lentement sur le liquide 1 kilogramme de bonne huile d'olives ou d'œillette, par pièce de 6 hectolitres, et on bondonne hermétiquement le fût.

45. Soins à donner aux boissons. — Ces soins sont à peu de chose près les mêmes que ceux à donner au cidre pur. Ainsi, après avoir rempli la pièce jusqu'à 10 centimètres du bord au moyen du premier, du second et du troisième cidre, voire même du quatrième (N° **39**) lorsque les pommes sont chères, on met le bondon libre, et on attend que la fermentation tumultueuse s'établisse. Si elle tarde trop on l'excite par les moyens qui viennent d'être indiqués pour le cidre pur et on soutire quand elle est achevée. Généralement on ne soutire pas les boissons de ménage parce qu'elles doivent être bues dans l'année, ce que nous n'approuvons point, le soutirage ne pouvant que les améliorer et n'exigeant tout au plus que deux heures de travail par pièce de 6 hectolitres de boisson. Nous faisons exception toutefois pour les boissons qui sont faites à l'alambic ou par notre système, parce qu'elles ne renferment point de pulpe et par suite ne donnent que peu ou point de lie, ce qui fait qu'elles n'éprouvent que la fermentation lente et rarement la fermentation tumultueuse. Du reste, qu'on soutire ou qu'on ne soutire pas les boissons, il est utile de verser dans le fût lentement 1 kilogramme de bonne huile d'olives ou d'œillette par pièce de 6 hectolitres de boisson après l'avoir cachouée comme il a été dit précédemment (N° **44**) et de bondonner ensuite hermétiquement le fût lorsque la liqueur est encore un peu sucrée.

46. Du cidre renourri. — Indépendamment du soutirage dés jus et du soufrage des fûts, qui sont deux excellents moyens de conservation des cidres et boissons, il existe un autre moyen en usage dans la partie du pays de Caux qui a Yvetot pour centre. C'est de le *renourrir*, selon l'expression consacrée.

Voici en quoi consiste cet excellent procédé de conservation et d'amélioration. On soutire le cidre ou la boisson qu'on veut renourrir dans un autre fût très propre, sans odeur et fraîchement rincé et soufré, puis on achève de remplir le fût avec un cinquième ou un quart de cidre doux pur, provenant d'un marc de pommes de même qualité et qu'on prend parmi les derniers seaux venus parce que ce sont ordinairement les plus sucrés. On répète cette opération tous les ans, au plus tard tous les deux ans.

Les cidres traités de cette façon peuvent parvenir à une longévité presque séculaire, sans rien perdre de leurs précieuses qualités.

Cet ainsi, du reste, que notre père A-J-Lefèvre traitait les cidres si délicats qu'il fabriquait et vendait ensuite aux habitants d'Yvetot, et qui lui ont valu la réputation méritée de producteur du meilleur cidre de tout le pays de Caux. En effet, ses cidres fabriqués avec les plus grands soins de propreté et par la méthode des longs cuvages et des soutirages répétés et fréquemment renourris étaient toujours richement colorés, limpides, très doux et très parfumés.

47. **Coupage ou transformation du cidre pur en boisson de ménage.** — Le cidre pur, surtout lorsqu'il est fait avec des pommes de qualité supérieure et fabriqué avec tous les soins que nous venons d'indiquer, est loin d'être une agréable boisson de table ; il est trop alcoolique et par suite plus ou moins dur ; enfin il enivre ceux qui en boivent une certaine quantité. Aussi ne conseillons-nous d'en fabriquer que comme objet de commerce pour être transporté dans les grandes villes, ou comme réserve pour les années où la récolte des pommes est insuffisante. Il est donc indispensable quand on veut l'utiliser comme boisson usuelle de le couper, de l'affaiblir. Il y a deux moyens d'obtenir ce résultat avec succès.

48. Premier moyen. — Si l'on manque de boisson de ménage pendant l'été ou au cours de l'automne avant l'époque du pressurage, et qu'on soit forcé de s'en procurer une nouvelle provision ; voici le procédé que nous conseillons d'employer :

Prendre deux hectolitres et demi de cidre pur de première qualité d'une part, et d'autre part, trois hectolitres et demi de bonne eau fraîche et limpide (N° **42**). Puis entonner dans un tonneau de six hectolitres bien propre, fraîchement rincé et purgé d'air (N° **30**) d'abord deux seaux du cidre qu'il s'agit de réduire, puis trois seaux d'eau dans l'un desquels on aura eu soin de faire dissoudre 1 kilogramme et demi de sucre blanc en pain et délayé, 15 grammes de cochenille broyée et réduite en poudre fine, afin de relever la couleur naturelle du cidre qui se trouverait, sans cette précaution, trop affaiblie par l'eau qui est incolore. Nous proscrivons toutes les autres espèces de colorants qui ont l'inconvénient d'altérer le goût naturel du cidre. Continuer de verser ensuite dans le fût alternativement deux seaux de cidre et trois d'eau, jusqu'à ce que tout le cidre soit entonné. On achèvera ensuite, si besoin est, de garnir le fût avec de l'eau jusqu'à 5 à 6 centimètres du bord. On laissera le bondon libre dans le trou de bonde pendant trois à quatre semaines. Au bout de ce temps, on fermera hermétiquement le fût, après avoir toutefois pris soin de verser, sur la boisson ainsi préparée, 1 kilogramme d'huile d'olives ou d'huile d'œillette. On aura dès lors une excellente et belle boisson prête à servir.

49. Second moyen. — Si on n'a pas immédiatement besoin de boisson qui soit promptement prête à boire, et qu'on veuille seulement en préparer pour l'année suivante à cause de la cherté des pommes causée par l'insuffisance de la récolte, on emploiera le procédé suivant qui est préférable au premier :

On prendra à même le cidre pur qu'on aura mis en réserve à cet effet, cinq hectolitres, qu'on soutirera et qu'on partagera également dans deux tonneaux de six hectolitres chacun, ou dans quatre pièces de trois hectolitres chacune, ce qui reviendra au même.

Cela fait, on se procurera cinq hectolitres de pommes de la meilleure qualité qu'on pourra trouver et suffisamment mûres ; on les broiera soigneusement (N° **35** *bis*) et on les traitera par la méthode à l'alambic (N° **43**) ou par notre méthode qui est un perfectionnement de celle-là, de façon à obtenir en premier, deuxième, troisième et quatrième cidre, environ sept hectolitres de liquide qu'on partagera entre tous les tonneaux en ayant égard à la grandeur de chacun d'eux, et cela par chaque macération ou expression. On garnira les fûts jusqu'à cinq centimètres de la bonde et on laissera le bondon libre dans le trou six semaines environ. Quand, au bout de ce temps, la fermentation sera devenue presque insensible et que la boisson ne présentera plus qu'une saveur légèrement sucrée, on versera de l'huile dessus, (nous insistons toujours sur ce moyen qui est excellent pour empêcher la boisson de durcir et de s'aigrir) et on bondonnera le plus fortement qu'on pourra. Un mois après, la boisson sera entièrement faite et excellente et on pourra dès lors commencer à en boire.

50. Du cidre mousseux et du cidre gracieux. — Nous l'avons déjà dit (N° **47**) le cidre pur, fait avec des pommes de première qualité supérieure et fabriqué et soigné comme nous le recommandons, ne constitue pas une agréable boisson de table. On n'en peut boire que quelques verres si l'on tient à ne pas s'enivrer. Lors donc qu'on voudra sans danger se faire une fête, se délecter avec le parfum de la pomme; ce n'est point au *gros cidre* qu'il faudra s'adresser. On devra lui préférer ce qu'on nomme du *demi-cidre* et que quelques auteurs désignent sous le nom de pommé.

On prépare ce demi-cidre ou pommé de l'une des deux manières suivantes selon qu'on veut l'avoir mousseux ou simplement gracieux. Le cidre mousseux se conserve en bouteilles et le gracieux en petits fûts.

On choisit de préférence, pour faire ces deux sortes de cidre, les fruits les plus sucrés et les

plus parfumés parmi les bonnes espèces acquérant leur parfaite maturité entre la mi-octobre
et la mi-novembre. Il est bon de mélanger ensemble au moins trois ou quatre espèces différentes parce qu'elles se complètent l'une par
l'autre sous le rapport du sucre, du tannin et
surtout du parfum. On les prendra de préférence, autant qu'on le pourra parmi les variétés
ou espèces suivantes : Doux à l'agnel ou Vagnon
rouge ; Blanc-Mollet ou Vagnon blanc ; Railé ;
Reine-des-hâtives ; Saint-Laurent ; Gros Fréquin ; Jaunet pointu ; Muscadet ; Doux-Evêque ;
Paradis ; Précoce David, et autres espèces plus
ou moins bien renommées pour leur parfum et
leur richesse saccharine et mûrissant avant le
quinze novembre.

Le choix des pommes fait et le moment de les
piler venu, on les écrase (N° **35** *bis*) et on met
cuver le marc pendant vingt heures au moins.
On presse au bout de ce temps, assez pour ob-

tenir de vingt à vingt-deux litres de jus pur par hectolitre de pommes. On verse ensuite sur le marc trente litres d'eau par hectolitre de fruits employés ; on fait cuver de nouveau pendant vingt à vingt-cinq heures, en pelletant à plusieurs reprises. Au bout de ce temps, on presse de nouveau assez pour obtenir une quantité de second cidre telle que, jointe au premier, on ait cinquante litres de liquide par hectolitre de fruits. On achève ensuite d'épuiser le marc de tous ses principes utiles en le faisant encore macérer une ou deux fois avec de l'eau, et on emploie le produit à faire de la boisson ordinaire.

On soutire ce cidre dix à quinze jours après que la fermentation tumultueuse est achevée (N° **44**.). On le cachoue alors avec cinquante grammes de cachou par hectolitre de cidre ; on fait le plein à quatre centimètres de la bonde, et on met le bondon libre dans le trou pendant encore environ un mois, après quoi on ferme hermétiquement le fût. On met ce cidre en bouteilles dès qu'il est suffisamment fait et bien limpide, ce qui a lieu ordinairement vers la fin de mars ou le courant d'avril. En le tirant, il faut avoir soin de mettre dans chaque bouteille une cuillerée à bouche de sirop de sucre ou dix grammes de sucre candi pour donner naissance à de l'acide carbonique qui se dissoudra dans le liquide et le rendra mousseux.

On devra pour mettre ce cidre mousseux n'employer que des bouteilles à col allongé et en verre épais, telles que bouteilles à champagne ou à l'eau de Vichy ou de Vals, ou bien des cruchons en grès également à col allongé et sans épaulement, parce que les bouteilles et cruchons à épaulement sont incapables de supporter la pression exercée par le gaz acide carbonique; elles se brisent sous l'effort de cette pression et le cidre est perdu.

Quand, au contraire, on veut faire du cidre simplement gracieux, on place le liquide, en le soutirant, dans des petits fûts de la capacité de deux ou trois hectolitres au plus. On le cachoue comme il vient d'être dit pour le cidre mousseux. On y ajoute, par hectolitre, un kilogramme de sucre en pain qu'on fait auparavant dissoudre dans un seau du liquide et on bondonne hermétiquement après avoir versé sur le liquide de l'huile d'œillette ou d'olives, et en laissant quinze centimètres de vide. Quelques jours après, il s'établit une petite fermentation calme donnant naissance à une certaine quantité de gaz acide carbonique qui, ne pouvant s'échapper à cause de la fermeture du tonneau, se dissout peu à peu dans le cidre qu'il rend léger, piquant et très agréable.

CHAPITRE VI

DE QUELQUES CONSIDÉRATIONS PARTICULIÈRES
MALADIES DU CIDRE — CIDRESSE
ASSORTIMENT DES FRUITS — COLLAGE DES CIDRES

51. Tous ceux qui suivront avec soin les conseils que nous venons d'indiquer par rapport à la récolte des fruits et à leur conservation jusqu'au moment du pressurage ; ceux relatifs aux soins à donner aux caves ou celliers, aux fûts, au pressoir et à ses ustensiles, ceux enfin qui ont rapport au pressurage proprement dit et aux soins à donner aux jus, sont assurés, nous ne craignons pas de l'affirmer, d'avoir toujours des cidres excellents et des boissons délicates et que leurs cidres et boissons se conserveront parfaitement bien et longtemps.

Toutefois et comme mesure de précaution nous allons indiquer les principales maladies qui peuvent altérer les cidres et boissons ainsi que les remèdes à y apporter.

52. Maladies des cidres. — Le cidre est sujet à diverses maladies qui tiennent soit à la mauvaise qualité des fruits, soit aux procédés défectueux de fabrication. Ces maladies sont au nombre de quatre, savoir :

1° Le cidre trouble.

2° La graisse.

3° Le noircissement.

4° L'acidité.

53. Du cidre trouble. — Les cidres et boissons sont quelquefois lents à se clarifier; ils restent longtemps épais et troubles. Cet accident peut arriver de trois façons différentes :

1° Quand l'année a été pluvieuse et en même temps très froide et que par suite le jus des pommes est peu riche en sucre alcoolisable et en ferment.

2° Lorsque par suite d'une longue sécheresse avec temps froid, comme en 1887, par exemple, la croissance des fruits se trouve arrêtée faute d'une quantité suffisante de sève, il arrive que ces fruits, petits, étiolés et mal conformés manquent également de sucre alcoolisable et de ferment.

3° Enfin quand la fermentation a été subitement arrêtée avant d'être complète, par suite d'un grand abaissement de température résultant d'une forte gelée

On remédie à cet inconvénient en rétablissant la fermentation. À cet effet, on soutire le cidre dans un autre fût bien propre, et en le soutirant, on le filtre au travers d'un tamis, ou mieux d'une toile un peu claire. On y ajoute ensuite par pièce de six hectolitres deux kilogrammes de sucre en pain qu'on fait dissoudre dans un seau de la boisson qu'il s'agit de clarifier, ou préférablement dans un seau de vieille boisson si on en a encore. On y met après cela un hectogramme de levûre de bière délayée dans deux litres d'eau, et on agite le cidre avec un bâton pour bien opérer le mélange. La fermentation se ranime alors et un mois ou six semaines après la boisson est clarifiée et prête à boire. Si les cidres ou boissons dont il s'agit étaient par trop épais, par trop visqueux, il serait bon en outre de les cachouer. (N° **44.**)

Nous croyons utile d'affirmer que ceux qui voudraient essayer de clarifier leur cidre en y ajoutant soit du sable, soit des cendres, soit même de la craie, comme nous l'avons vu faire, ne réussiraient qu'à le gâter en le rendant alcalin ou en le faisant devenir acide suivant la substance introduite.

54. **De la graisse des cidres**. — Il arrive quelquefois, que, par suite de circonstances diverses, les cidres et boissons perdent leur limpidité et deviennent filants et visqueux. Ils tournent au gras, comme on dit ordinairement. On guérit cette maladie par des astringents. On emploie à cet effet, par pièce de 6 hectolitres de liquide, soit 40 grammes de tannin pur, soit 150 grammes de cachou, soit enfin 125 grammes de noix de galle. Pour employer le tannin ou le cachou, on fait dissoudre celui des deux astringents qu'on a choisi, dans un litre d'eau bien chaude et on entonne la dissolution dans le tonneau lorsqu'elle est refroidie. Quant à la noix de galle, il suffit de la concasser et réduire en poudre grossière qu'on introduit ensuite dans

la pièce. On peut encore employer à cet effet
2 litres d'alcool à 90 degrés. C'est même le meilleur moyen, l'alcool ayant la propriété de précipiter toutes les matières gommeuses, albumineuses, gélatineuses, amylacées, etc., mais
c'est aussi le plus cher. Quel que soit, du reste,
l'astringent employé, il faut avoir soin, après
l'avoir introduit dans le tonneau, d'agiter fortement le liquide avec un bâton pour bien
opérer le mélange. On bondonne ensuite hermétiquement et on abandonne le cidre à lui-même.
La réaction s'opère vite et un mois ou six semaines après, la boisson est parfaitement limpide
et peut alors être bue sans inconvénient.

55. Du noircissement. — Il arrive fréquemment que le cidre ou la boisson, après être tirée
du fût, perd sa belle couleur ambrée et prend
une teinte brune plus ou moins foncée. On dit
alors que le cidre se *tue*.

Cette décomposition peut avoir pour cause soit l'emploi de mauvaise eau ou de futailles malpropres ; soit la présence dans le cidre de sels alcalins en quantité suffisante pour saturer l'acide malique du fruit. Dans ces deux cas, on redonne au cidre sa belle couleur primitive, ou, ce qui est plus exact, on l'empêche de la perdre en versant dans le fût une dissolution, dans un litre d'eau, de 25 à 30 grammes d'acide tartrique par hectolitre de boisson. L'acide tartrique se trouve dans toutes les pharmacies et ne coûte pas cher.

Mais il peut arriver aussi que la maladie du noircissement soit due à la présence d'un oxyde de fer, ce qui arrive quand on a employé dans la fabrication de l'eau ferrugineuse, ou quand on s'est servi de fruits crûs dans des terrains ocracés ou dans l'argile ferrugineuse connue dans nos campagnes sous le nom de *tuc*. Dans ces cas, une bonne poignée d'écorces de chêne rapées en poudre grossière ou une poignée de noix de galle concassée jetée dans le tonneau suffit pour précipiter le fer et rendre à la boisson sa couleur primitive. Nous ferons observer que quand on entonne son cidre ou sa boisson dans des fûts bien nettoyés et soufrés comme nous le recommandons instamment (N° **30**), le noircissement n'est jamais à craindre.

56. **De l'acidité.** — Cette maladie, qui transforme le cidre en une boisson insalubre pouvant, lorsqu'elle est arrivée à un certain degré d'acidité, occasionner des maux d'estomac et des coliques intestinales très douloureuses, est, de toutes les maladies du cidre, la plus commune dans nos campagnes et aussi la plus difficile à guérir. On devra donc surtout s'attacher à la prévenir.

L'acidité du cidre étant due, en grande partie du moins, à l'action permanente de l'oxygène de l'air sur l'alcool contenu dans les boissons qu'il transforme peu à peu en acide acétique ou vinaigre, le meilleur préservatif à employer consiste à mettre le plus possible la masse du cidre à l'abri de l'action de l'air. C'est dans ce but que nous conseillons de verser sur le cidre un kilogramme de bonne huile d'olives ou d'œillette par pièce de 6 hectolitres de boisson, parce que la couche d'huile étant imperméable à l'air, empêche celui-ci de pénétrer jusqu'au cidre.

C'est encore dans ce but que nous recommandons constamment de soufrer les fûts avant d'entonner, en brûlant dedans une mèche soufrée parce que la combustion de cette mèche dégage dans le tonneau une certaine quantité de gaz acide sulfureux qui a la propriété d'empêcher toute espèce de fermentation et que le changement de l'alcool en acide acétique est le résultat d'une fermentation particulière que les chimistes désignent sous le nom de fermentation acide.

Puisque c'est l'air qui acidifie le cidre, lors donc qu'on voudra entamer un tonneau un peu grand pour le boire, il sera utile et prudent de placer d'abord le robinet au milieu de la pièce, puis au bas. Par ce moyen, le liquide se trouve exposé à l'action acidifiante de l'air pendant un temps moitié moins long parce que pendant qu'on tire la boisson par la cannelle ou robinet du milieu, la partie du liquide qui se trouve au-dessous est préservée de l'action acidifiante de l'air aussi bien que si elle était placée dans un tonneau bien plein et bien clos.

Mais si, malgré ces précautions ou plutôt parce qu'on aura négligé de les prendre, il arrive que l'acidité se développe dans la boisson de façon à la rendre nuisible à la santé, on y remédie en mettant dans la cruche ou le broc de service, une pincée de bi-carbonate de soude, au moment de tirer la boisson nécessaire au repas. Par ce moyen, l'acide acétique est neutralisé et il se dégage de l'acide carbonique qui rend la boisson gazeuse, agréable et salubre. Ce procédé est tout à la fois fort simple et très économique, attendu que le bi-carbonate de soude est à très bas prix chez tous les pharmaciens.

N. B. — Il ne faut point perdre de vue que si les cidres et boissons ainsi restaurés ne sont plus nuisibles à la santé, ils ont cependant perdu à ce travail de restauration une bonne partie des qualités qu'on remarque dans les cidres et boissons obtenus de jus bien fermentés, bien soignés et bien conservés. Ils sont moins nourrissants, moins généreux et surtout moins agréables.

57. De la cidresse. — Autrefois, lorsque les pommes étaient rares et chères, les ménages d'ouvriers, de petits rentiers et petits culti-vateurs fabriquaient une boisson économique avec des poires et une petite quantité de pommes mélangées; ils nommaient cette bois-son *cidresse*. Nous en avons bu maintes et maintes fois dans notre jeunesse et elle nous semblait bonne. Seulement, nous croyons nous souvenir qu'elle ne se conservait pas longtemps. Nous ignorons si l'on en fait encore aujourd'hui.

MM. De Boutteville et A. Hauchecorne affirment que cette boisson ne fatigue ni les voies urinaires, ni l'estomac et qu'elle se conserve bien lorsqu'elle est préparée à l'alambic. La meilleure proportion à adopter pour faire cette boisson est de mélanger ensemble 5 hectolitres de poires avec 2 hectolitres de pommes pour faire 6 hectolitres de cidresse Il est important pour la conserver de la loger dans des petits fûts de 2 ou 3 hectolitres et de bondonner solidement les tonneaux alors que la liqueur est encore assez fortement sucrée.

58. Du collage du cidre et du poiré. — Nous ne conseillons point de coller les cidres et poirés parce que cette opération peut nuire à la qualité des boissons et d'ailleurs elle n'est point nécessaire pour les cidres et poirés fabriqués et soignés comme nous l'avons recommandé, lesquels sont toujours suffisamment fermentés et clarifiés pour pouvoir être bus dès le troisième ou le quatrième mois qui suit leur fabrication.

Toutefois, si quelqu'un de nos lecteurs désirait coller ses cidres et boissons, nous lui conseillerions de ne le faire qu'avec de la colle de poisson vraie ou ichthyocolle. Deux ou au plus trois grammes suffisent pour un hectolitre de liquide. On fait dissoudre la colle à chaud dans 2 ou 3 litres de la boisson qu'on veut coller. Lorsque la colle est entièrement dissoute et la dissolution refroidie, on l'introduit dans le fût et on agite le cidre avec un bâton pour bien opérer le mélange.

59. Assortiment des variétés. — D'après MM. J. Girardin et Morière, les pommes douces produisent peu de jus sans addition d'eau ; elles fournissent un cidre clair et agréable tant qu'il est sucré, mais qui devient amer et peu alcoolique lorsque sa fermentation s'avance. Les pommes amères et âcres au goût donnent un jus très dense, coloré, qui fermente longuement et produit un cidre généreux, susceptible d'une longue conservation. Ceci posé, nous pensons qu'il sera très avantageux de mélanger, d'associer ensemble des pommes douces et des pommes amères en quantités à peu près égales autant qu'on le pourra.

60. Mélange des cidres des trois saisons. — Feu notre père, réputé pour un des meilleurs producteurs de cidre des environs d'Yvetot (Nº **46**), avait l'habitude de mélanger ensemble vers la fin de janvier tous ses cidres des trois saisons. Il disait que ce mélange leur faisait acquérir des qualités nouvelles. D'un autre côté, MM. de Boutteville et A. Hauchecorne affirment que M. Amable Dubuc, propriétaire à Yvetot, a pratiqué ces mélanges avec succès pendant plus de quarante ans. Il y a donc là une excellente pratique que nous recommandons chaudement à nos lecteurs.

CHAPITRE VII

DU POIRÉ

61. **Histoire du poiré.** — Le poiré, anciennement désigné sous le nom de *piracium*, était
déjà assez connu au VIe siècle pour que sainte
Radégonde, femme de Clotaire Ier, morte en
587, en fit sa boisson ordinaire.

Le nom de *piracium* est, disent certains éty-
mologistes, tiré de *pirum* (poire) qui s'est trans-
formé en *péré* (*prai*, dans les campagnes), d'où
l'on a fait enfin *poiré*, nom plus conforme au
substantif *poire* dont il désigne le jus.

« Les poires, dit M. J. Girardin, fournissent

» moitié plus de jus que les pommes, et leur
» jus est bien plus sucré.

» Le poiré se prépare comme le cidre, mais
» en bien moins grande quantité. On lui attri-
» bue généralement une action fâcheuse sur le
» système nerveux ; il est moins nourrissant,
» plus irritant que le cidre ; il est très capiteux
» lorsqu'il est vieux et il enivre promptement
» ceux qui n'en font pas un usage habituel » (1).

Certes, il y a du vrai dans cette assertion,
mais il y a aussi beaucoup d'exagération, et cette
exagération est née des calomnies accumulées
à tort contre le poiré ; calomnies qui ont malheureusement fait abandonner la culture du
poirier. Et cela est d'autant plus regrettable
que le poirier prospère également bien dans
tous les terrains ; que ses fleurs sont plus rus-
tiques que celles du pommier et résistent mieux
aux gelées printanières ; enfin que ses fruits

(1) *Leçons de chimie élémentaire,* 3° édition, p. 689.

plus abondants et plus sucrés que ceux du pommier, mûrissent aussi plus tôt, et, à volume égal, fournissent beaucoup plus de jus que les pommes.

D'où vient donc cette regrettable dépréciation du poiré ? De deux causes : une fausse et une vraie.

La première cause, la fausse, est née de ce qu'autrefois, les poires de pressoir étaient très abondantes dans toutes les fermes du pays de Caux. Par suite de cette extrême abondance, elles se vendaient fort mal ; 20 à 25 centimes l'hectolitre et même quelquefois moins encore. A cause de ce peu de valeur des poires et pour ne pas les perdre tout à fait, on se contentait de les pressurer une seule fois ; on ne buvait conséquemment que du poiré pur, et de plus, on ne l'épargnait point. Est-il étonnant après cela qu'on s'enivrât avec ? Mais si, par impossible, les pommes venaient à être assez abondantes pour ne valoir que 15 ou 20 centimes l'hectolitre et qu'en conséquence de ce bon marché excessif, on ne fabriquât plus que du cidre pur, on s'enivrerait aussi facilement et aussi souvent avec le cidre qu'on le faisait autrefois avec le poiré. Mais puisque le poiré n'est enivrant que quand il est pur, pourquoi ne pas faire de la petite boisson de poires comme on fait de la petite boisson de pommes, en ajoutant de l'eau et en trempant le marc plusieurs fois.

Il est certain que si on n'employait que 7 hectolitres de poires pour faire 6 hectolitres de poiré, de même qu'on met ordinairement 7 hectolitres de pommes pour faire la même quantité de petit cidre, la boisson de poires ne serait guère plus alcoolique et par suite plus enivrante que la boisson de pommes.

La seconde cause de la dépréciation du poiré est plus réelle. Elle tient à ce que les poires de pressoir ne renferment en général qu'une quantité très insuffisante de tannin, souvent quelques traces seulement et fort peu de mucilage. L'insuffisance de ces deux utiles principes constitutifs d'une bonne boisson et l'acidité du jus des poires qui est, pour les meilleures variétés, de 2 à 3 millièmes et va jusqu'à 5, 6 et même 12 millièmes, au lieu d'un millième et une fraction que contient le jus de pommes, font que l'action du poiré sur les organes digestifs est plus fâcheuse que celle du cidre ; enfin le poiré, par suite de sa plus grande acidité, est plus âpre à la bouche que le cidre et sa saveur acerbe n'est pas du goût de tout le monde. Mais, encore une fois, il n'y avait pas là de quoi le condamner aussi irrévocablement qu'on l'a fait, d'autant plus qu'avec du poiré bien préparé et distillé à propos, on peut faire des eaux-de-vie excellentes. Espérons qu'on y reviendra.

« Voulez-vous faire de bons poirés, disent » MM de Boutteville et Hauchecorne, servez-

» vous de fruits très sucrés, parfumés, riches
» en tannin, modérément acides et mûrs à
» point (1). »

Mais, dira-t-on, comment se procurer de tels fruits ? Il en existe déjà plusieurs bonnes espèces dans notre département. Il suffit de les multi-plier. Nous en donnerons la liste à la fin de notre volume et nous la compléterons par l'ad-dition des noms de quelques-unes des meil-leures poires du Calvados, recommandées par M. Morière dans ses conférences agricoles et dont nous avons conservé la liste.

62. Fabrication du poiré. — Mais, en atten-dant que les bons fruits à poiré dont nous ve-nons de parler soient suffisamment multipliés dans nos vergers, nous conseillons d'utiliser les poires inférieures que chacun possède, en procédant comme il suit.

(1) *Le Cidre.* 3e édition, p. 303.

1° Attendre que les poires dont on dispose soient entièrement mûres avec un tout petit commencement de blettissement ; mélanger ensemble toutes celles qui atteignent leur complète maturité à peu près à la même époque afin qu'elles se complètent l'une par l'autre sous le rapport du parfum et des autres principes utiles.

2° Les broyer soigneusement (N° **35** bis) et mélanger au marc 20 grammes de cônes ou fleurs de houblon par hectolitre de poires employées.

3° Faire macérer la pulpe pendant environ dix heures afin que le jus s'impreigne bien du parfum de la pulpe, du peu de tannin qu'elle contient et du principe aromatique et amer du houblon que nous conseillons d'y ajouter.

4° Presser le marc après que la macération sus-indiquée sera accomplie, et verser le jus obtenu dans des petits tonneaux de 2 ou 3 hectolitres au plus.

5º Se servir, pour entonner ce jus dans les fûts, d'un entonnoir-filtre, dont le fond sera garni d'une toile sur laquelle on déposera 2 à 3 kilogrammes de pains de craie bien propres qui absorberont, en le neutralisant, une bonne partie de l'acide des poires.

6º Verser sur le marc 18 à 20 litres de bonne eau par hectolitre de poires employées et laisser macérer pendant une douzaine d'heures. Puis presser une seconde fois le marc et mêler le second liquide ainsi obtenu avec le premier.

7º Enfin, dès que la fermentation tumultueuse sera achevée et le chapeau de lie bien formé, soutirer le poiré dans un autre fût bien rincé et bien soufré, le cachouer ensuite avec 70 grammes de cachou par hectolitre de poiré ; faire le plein à environ 3 ou 4 centimètres de la bonde, et laisser le bondon à volonté pendant encore un mois. Arrivé à ce point, on le mettra en bouteilles (N° **50**), si on veut l'avoir mousseux. Il sera alors très agréable à boire et nullement nuisible. Ce sera en quelque sorte du petit champagne.

Si on ne voulait pas le mettre en bouteilles et qu'on préférât le boire en fût, il faudrait, après le soutirage et le cachouage, laisser un vide de 12 centimètres dans la pièce ; y mettre un kilogramme de sucre en pain dissous dans 2 ou 3 litres de ce poiré ; verser ensuite sur le liquide 6 hectogrammes de bonne huile d'olives et bondonner hermétiquement le tonneau. Par ce moyen, la fermentation lente qui s'établira quelques jours après donnera naissance à de l'acide carbonique qui, ne pouvant s'évaporer, se dissoudra dans le liquide et le rendra piquant, léger et savoureux.

N. B. — Ceux qui auront l'avantage de posséder des fruits à poiré de qualité supérieure, tels que : la poire de souris, la poire de branche, le petit lantricotin, la poire de navet, le troché ou oignonné blanc, la poire de croix mare, le caëzi ou casiri blanc, etc., n'auront pas besoin d'y joindre des cônes de houblon ni de filtrer leur jus sur de la craie. Ils feront bien également de presser leur marc immédiatement après l'écrasage des poires, afin d'avoir un jus plus incolore. Les amateurs paraissent tenir à cela.

63. Eaux-de-vie de cidre et de poiré. — Nos ménages d'ouvriers et de petits rentiers que nous avons eu particulièrement en vue en écrivant ce *petit guide*, ne font pas d'eau-de-vie. Il en est de même de nos fermiers et propriétaires cultivateurs, qui préfèrent, dans les années d'abondance, expédier leurs pommes et leurs poires dans les grandes villes plutôt que de faire du cidre et de le convertir ensuite en eau-de-vie. Mais comme beaucoup d'entre eux font faire de l'eau-de-vie de cidre et de poiré pour leur consommation personnelle, il nous semble utile de leur donner quelques conseils à ce sujet. Nous leur dirons donc :

Que pour faire de l'eau-de-vie de cidre et de poiré qui soit bonne, il faut éviter soigneusement de distiller soit des lies, soit des cidres aigres, acides, propres plutôt à faire du vinaigre. Nous leur ferons également remarquer qu'ils doivent éviter de distiller leurs boissons à eau-de-vie au moyen de chaudières placées directement sur le feu, parce que les matières colorantes et autres en dissolution ou en suspension dans le cidre ou le poiré, s'attachent aux parois de la chaudière, s'y brûlent et donnent à l'eau-de-vie un goût empyreumatique très désagréable et qu'on ne peut ensuite lui faire perdre.

Les cultivateurs et les bouilleurs de profession ne devraient jamais oublier que, seuls, les bons cidres et les bons poirés font les bonnes eaux-de-vie, et qu'ils n'y a que les appareils distillatoires perfectionnés connus sous le nom d'appareils *Derosne* qui permettent d'obtenir des eaux-de-vie de cidre et de poiré fines, parfumées, moelleuses, en un mot, semblables aux bonnes eaux-de-vie de vin pour la fabrication desquelles les appareils *Derosne* sont exclusivement employés.

Nous engageons, en conséquence, nos lecteurs à préparer en particulier et avec tout le soin possible, le cidre ou le poiré qu'ils destinent à être converti en eau-de-vie. Pour cela, ils devront choisir de préférence les pommes ou les poires les plus parfumées et les plus sucrées parmi celles dont ils disposent et les mettre à part dans un endroit sec. Puis, la maturité arrivée à point, les écraser avec soin (N° **35** *bis*), faire cuver la pulpe ou marc pendant 24 heures au moins en la pelletant souvent ; presser ensuite et entonner le moût dans un fût bien propre et sans odeur et placé dans un appartement où l'on puisse élever la température jusqu'à vingt degrés centigrades et délayer dans le liquide une certaine quantité de levûre de bière afin de hâter le plus possible la fermentation. Au bout d'un mois ce moût, cidre ou poiré, sera prêt à distiller, et on devra alors s'empresser de faire venir le bouilleur et ne lui permettre d'opérer qu'avec un appareil perfectionné. Si l'on suit exactement ces conseils, on aura toujours des eaux-de-vie excellentes, nous l'affirmons.

64. Cidre sans pommes. — Nous donnons ce nom à une boisson économique, saine et agréable dans laquelle les principes utiles des pommes à cidre sont, en grande partie, remplacés par des principes équivalents mais moins chers. Nous conseillons à nos lecteurs peu aisés d'en fabriquer chaque fois que les pommes seront chères ; ils s'en trouveront bien et leur bourse aussi.

N. B. — Cette boisson devra toujours être renfermée dans des petits fûts de trois hecto-litres au plus, et être bue au commencement de l'année, c'est-à-dire avant les chaleurs de juillet. En voici la formule pour un fût de six hectolitres :

1° Pommes bien mûres, mais saines, 2 hecto-litres ou 4 rasières.

2° Houblon, un hectogramme.

3° Ecorces sèches de chêne, un kilogramme.

4° Acide tartrique pour remplacer l'acide ma-lique, 125 grammes.

5° Levûre de bière fraîche, 5 hectogrammes.

6° Bonne mélasse de raffinerie : 20 kilo-grammes.

Préparation :

Prendre les quatre rasières de pommes, les écraser minutieusement (N° **35** *bis*) et déposer la pulpe dans une petite cuve munie d'un trou percé au ras du fond, et au-devant duquel on aura eu soin de clouer un morceau de toile pour filtrer le liquide. Mélanger à la pulpe le houblon, les écorces de chêne grossièrement hachées ou râpées et l'acide tartrique. Tasser ensuite cette pulpe et verser dessus 12 à 13 seaux d'eau et faire macérer pendant douze heures. Au bout de ce temps, soutirer le liquide chargé du jus des pommes, l'entonner dans le fût et y délayer la levûre de bière et la mélasse. Pelleter ensuite la pulpe, la tasser de nouveau, y mettre douze autres seaux d'eau et laisser macérer douze heures, puis soutirer et entonner. Continuer à faire ainsi une nouvelle macération toutes les douze heures jusqu'à ce que le fût soit entièrement plein. Mettre le bondon libre dans le trou pendant un mois. Au bout de ce temps, verser six hectogrammes d'huile d'œillette sur le liquide et bondonner hermétiquement. Six semaines après la boisson sera entièrement faite et prête à boire.

En supposant le prix des pommes à 6 francs l'hectolitre et la mélasse à 0 fr. 40 centimes le kilogramme, six hectolitres de cette boisson ne coûteront que 21 fr. 75 ; tandis que fabriquée avec six hectolitres de pommes, la même quantité de boisson coûterait frais de pressurage compris, au moins quarante francs.

65. Bière de ménage. Formule.

Prenez :

1° Eau bien fraîche et limpide...	110 à 120 litres.	
2° Sucre en pain.................	35 hectogrammes.	
3° Houblon....................	4	—
4° Caramel pour colorer........	1	—
5° Levûre de bière fraîche......	2	—

Préparation :

Faire infuser le houblon dans 10 à 12 litres d'eau qu'on tient presque toujours bouillante pendant une pleine demi-heure ; couler l'eau houblonnée dans un baquet bien propre et y faire dissoudre le sucre ; on entonne ensuite la liqueur sucrée dans le fût. On fait une seconde infusion du houblon dans 12 autres litres d'eau, afin de bien épuiser tous ses principes amer, aromatique et tonique qui sont avec l'alcool les agents de conservation de la bière. On coule cette seconde liqueur et on la réunit à la première dans le fût. On achève ensuite de remplir la barrique avec de l'eau claire, froide, puis on y délaye le caramel et la levûre de bière. La fermentation s'établit au bout d'un jour ou deux en été, et cinq ou six jours en hiver. Elle dure de trois à cinq jours. Pendant ce temps, on remplit constamment le fût avec de l'eau claire, afin de faire sortir la plus grande quantité possible d'écume. Quand la fermentation est achevée, on bondonne le tonneau. Quinze jours après, la bière est bonne à mettre en bouteilles, où elle devient promptement mousseuse. On peut également la boire en fût, car elle se conserve en vidange pendant un temps assez long. En bouteilles ou dans un fût bien plein et hermétiquement fermé, elle se conserve pour ainsi dire indéfiniment et son prix de revient n'est que de cinq centimes le litre seulement.

66. **Description de notre pressoir (1).** — Ce petit pressoir que nous croyons avoir inventé, attendu que nous n'en avons jamais vu de semblable, tient fort peu de place ; car on peut s'en servir commodément dans un appartement de huit mètres carrés de superficie. Il est facile-

(1) Voir les dessins à la fin du volume.

ment transportable d'un endroit dans un autre, et réunit l'avantage de la presse à la méthode de lixiviation ou méthode à l'alambic. Avec ce genre de pressoir, on peut, à la volonté de l'opérateur, faire du cidre pur ou du petit cidre ; et le petit cidre qu'on obtient par son moyen est très coloré, limpide, doux et onctueux.

Il est juste de dire que son emploi n'est avantageux que pour les ménages de petits cultivateurs, de rentiers et d'ouvriers qui veulent faire eux-mêmes leur cidre et leur boisson, mais qu'on ne peut le recommander aux grands producteurs de cidre pour le commerce.

Ce pressoir se compose :

1° D'un bâti en chêne (fig. 1re) formé de deux solives A B et C D, ayant un mètre 60 centimètres de longueur sur 0m10 de largeur et 0m18 de hauteur. Ces deux solives sont assemblées à angle droit et solidement boulonnées. Leur écartement est, en outre, maintenu par quatre traverses E de 0^m10 d'équarrissage. La solive C D repose sur deux pieds ayant 0^m10 d'équarissage, et 0^m25 de hauteur. Aux deux extrémités de la solive A B sont deux montants F, en chêne ayant 1^m85 de hauteur sur 0^m10 d'équarissage. Ces deux montants qui servent en même temps de pieds au bâti, sont reliés entre eux en haut par un sommier G de 0^m12 de largeur sur 0^m18 de hauteur et emmortaisé à enfourchement dans lesdits montants pour plus de solidité et boulonnés avec eux. Ce sommier est traversé à son centre par une vis en fer battu H, munie de deux écrous placés l'un en dessus et l'autre en dessous du sommier G auquel ils sont fixés au moyen de 4 vis à bois chacun. Les deux montants F sont écartés de 1^m25, largeur qui représente le diamètre extérieur de la cuve ci-après.

2° D'une cuve en sapin (fig. 2.) solidement cerclée en fer, ayant des douves de 0^m25 d'épaisseur et dont le fond, d'une épaisseur de 0ᵐ03, est fortement enjablé et soutenu en outre par trois fortes traverses de 0ᵐ04 d'équarrissage, et disposées de façon que celle du milieu repose exactement sur le milieu de la solive A B du bâti (fig. 1ʳᵉ). Cette cuve est munie d'un robinet L affleurant le fond intérieur. Elle a 1ᵐ20 de diamètre intérieur au fond et 1ᵐ14 de diamètre intérieur au haut avec une profondeur intérieure de 0ᵐ80, ce qui lui donne une capacité d'environ 860 litres et permet d'y tremper et d'y presser commodément 12 hectolitres 6 de pommes ou de poires, soit 25 rasières. Intérieurement elle est garnie de petites tringles longitudinales de deux centimètres d'équarrissage et écartées entre elles de 0ᵐ25. Ces tringles forment ainsi de petits creux destinés à faciliter l'écoulement du jus lors de la pression. Toutes ces tringles sont taillées en onglet en bas et en arrière de façon à former entre elles et

les douves de la cuve une petite rigole circulaire, pour laisser couler facilement le jus vers
le trou de sortie.

3° D'un gril (fig. 3) formé d'un assemblage
de petits bâtonnets quadrangulaires de 0^m02 de
côté, entre-croisés et assemblés à angles droits.
Ce gril se place au fond de la cuve afin de faciliter l'égouttage ou égouttement du marc.

4° Enfin d'un *hec* (fig. 4) ou couvercle en
planches de deux centimètres d'épaisseur et
garni de deux fortes barres en chêne de 0^m06 de
côté, et destinées à supporter l'effort de la vis
de pression. Ce hec ou couvercle ayant un diamètre égal, moins huit millimètres à celui du
haut de la cuve, entre dedans et sert à presser
le marc.

La figure 5 montre le pressoir tout monté et
prêt à fonctionner.

67. Manière de se servir de ce pressoir. —

Quand nous voulons faire du cidre et de la boisson, nous plaçons la cuve K (fig. 2) sur le bâti (fig. 1ʳᵉ), de façon que la traverse qui se trouve sous le milieu du fond de cette cuve soit exactement placée sur le milieu de la traverse A B du bâti (fig. 1ʳᵉ), et nous l'assujettissons solidement au moyen de tasseaux. Cela fait, nous mettons le gril (fig. 3) au fond de la cuve. Nous plaçons ensuite dedans un sac de forte toile, taillé et cousu de façon à lui donner exactement la forme et la capacité de cette cuve. Nous le maintenons ouvert circulairement au moyen d'un cercle de bois de même diamètre que celui du fond de la cuve, et nous attachons son extrémité supérieure qui dépasse celle de la cuve d'environ douze centimètres, tout autour et en dehors de cette cuve.

Cela fait, nous écrasons soigneusement nos pommes (Nᵒ **35** *bis*), nous déposons la pulpe dans le sac, et nous l'égalisons bien, afin que le marc puisse absorber une certaine quantité d'oxygène qui facilite le développement de la matière colorante, pendant qu'on écrase une autre rasière de pommes. Nous continuons d'écraser nos pommes, rasière par rasière, et de déposer la pulpe dans la cuve au fur et à mesure de l'écrasement jusqu'à ce que celle-ci soit entièrement pleine. Nous laissons alors cuver le marc pendant 15 à 20 heures en le pelletant de temps en temps (N° **36**).

Quand le moment de presser et de tirer le cidre est venu, nous plaçons sur le marc, bien égalisé, le couvercle ou hec (fig. 4.), sur lequel nous mettons des billots de bois ou chouquets, le dernier muni d'une crapaudine, dans le creux de laquelle nous faisons pivoter le bout de la vis que nous faisons descendre au moyen d'un levier.

Avec ce petit instrument nous retirons, 20, 22 et quelquefois jusqu'à 25 litres de jus pur par hectolitre de pommes. Pour faire ensuite tremper le marc nous le détassons, puis nous versons l'eau dessus, et nous le laissons macérer durant 15 à 20 heures, comme nous le recommandons (N° **39**), en soutirant le liquide par le robinet et en le reversant immédiatement sur le marc, de quatre heures en quatre heures. Nous opérons de même pour faire le troisième cidre et, au besoin, le quatrième.

En procédant ainsi nous fabriquons du cidre et de la boisson qui fermentent toujours régulièrement et sont constamment très limpides, richement colorés, parfumés, doux et onctueux et se conservant longtemps avec toutes leurs qualités.

68. Formule très exacte et facile pour mesurer un tonneau — Quand on veut faire de la boisson bien réglée à un degré de force voulu, il est utile de connaître exactement la capacité ou contenance de chacun des tonneaux que l'on veut emplir afin d'y introduire le premier, le second, et le troisième cidre en quantités propres à assurer le degré cherché. Nous donnons ci-dessous la formule algébrique suivante :

$$V. = \pi \left(\frac{2D+d}{6} \right)^2 \times L,$$

dont voici l'explication pratique.

Soit le tonneau A B (1) : Il faut prendre exactement le diamètre C D du bouge et le multiplier par 2, puis y ajouter le diamètre moyen des deux fonds E F : diviser la somme par 6, et multiplier le quotient par lui-même pour l'élever au carré ; multiplier ensuite, ce carré, par 3 unités 142 millièmes, qui représentent le rapport du diamètre à la circonférence du cercle, et enfin, multiplier ce dernier produit par la longueur intérieure A B du tonneau.

(1) Voir à la fin du livre.

On aura alors sa contenance exacte en décimètres cubes ou litres.

Exemple :

Supposons que la longueur intérieure A B du tonneau soit de 1^{m}30 ; le diamètre du bouge C D 0^{m}93 et le diamètre moyen des deux fonds E F soit de 0^{m}78, on aura : 0^{m}93 $\times$ 2 = 1, 86 + 0, 78 = 2, 64 dont le sixième est de 0^{m}44. Et 0^{m}44 $\times$ 0, 44 égalent 0, 1936 qu'il faut multiplier par le rapport 3,142 ce qui donne 0,6082912, ou, en supprimant les trois dernières décimales conformément à la règle arithmétique, 0,6083 qu'il faut multiplier enfin par 1^{m}30, longueur intérieure du tonneau. Ce dernier produit sera : 0,79079, c'est-à-dire 0 mètre cube 791 décimétres cubes ou 791 litres.

FIN DE LA PREMIÈRE PARTIE.

DEUXIÈME PARTIE

DE LA CULTURE DU POMMIER A CIDRE

CHAPITRE PREMIER

EXPLICATION PRÉLIMINAIRE — DE LA PLANTATION
A DEMEURE — DES SOINS NÉCESSAIRES
A CETTE OPÉRATION — ENGRAIS DES POMMIERS

1. Explication préliminaire. — Le phylloxera ayant détruit une grande partie de nos meilleurs vignobles, le bon vin naturel est devenu rare et cher. De ce fait, le cidre est appelé à une consommation chaque jour plus étendue et à acquérir, ainsi, une grande importance commerciale ; aussi la culture du pommier tend-elle à s'étendre de plus en plus. Il est donc très utile de répandre, de propager le plus possible la connaissance des procédés propres à améliorer cette culture et à augmenter le nombre et surtout la qualité des bons fruits de pressoir. C'est dans ce but que nous nous proposons de traiter, en peu de mots, de la plantation à demeure du pommier ; des soins qu'exige sa culture, et de sa multiplication par la greffe, la marcotte et le semis.

2. De la plantation à demeure. — Pour former une pommeraie, ou remplacer un certain nombre des sujets dans une pommeraie déjà existante, trois choses sont à considérer : 1° Le choix des arbres ; 2° L'arrachage des jeunes pommiers et leur habillage ; 2° La replantation.

3. Le choix des arbres. — Le choix des pommiers à cidre doit porter sur les quatre considérations suivantes :

1° Choisir des espèces à fruits complets, c'est-à-dire donnant des jus riches en sucre, en tannin, en mucilage, en couleur et en parfum.

2° Parmi ces bonnes espèces dont nous donnerons le tableau à la fin de notre volume, prendre de préférence celles qui paraissent les plus fertiles et les plus vigoureuses.

3° Choisir des variétés de première, de seconde et de troisième saison en quantités à peu près égales, parce que ces différentes espèces ne fleurissant pas à la même époque et les gelées printanières ne durant pas tout le temps de la floraison du pommier, on aura plus de chances d'avoir, chaque année, sinon une récolte bonne moyenne, au moins une récolte passable.

4° **Enfin** ne choisir que des arbres ayant deux ans de greffe, s'ils sont greffés en tête, ou une circonférence d'au moins 13 à 15 centimètres, s'ils ont été greffés en pied ou s'ils sont francs de pied.

4. De l'arrachage des jeunes arbres choisis.— Le choix fait, on doit procéder à l'arrachage des jeunes plants qui en sont l'objet. Cet arrachage doit être fait avec beaucoup de précaution, afin de ne pas casser ni endommager les racines et surtout les petites radicelles ou chevelu qui, seules, puisent la sève dans le sol et la conduisent à la tige et aux branches. L'arrachage terminé, on procède à l'habillage. Cette opération consiste à ôter la terre qui couvre les racines, à couper à demi-longueur le pivot, afin de le faire ramifier, et à retrancher celles des petites racines qui seraient cassées, meurtries ou écorchées; puis à couper les rameaux de la tête en ne leur laissant que 20 à 25 centimètres de longueur, afin que les racines aient moins de sève à fournir au commencement de la reprise, ce qui rendra cette reprise plus assurée. On enveloppe ensuite les racines et le pied de la tige dans du foin ou de la paille humide afin de les empêcher de se dessécher et on ligature bien le maillot au moyen de liens d'osier ou de ficelle, afin de les transporter facilement et sans les endommager, au lieu où ils doivent être plantés. Si l'habillage et le transport des jeunes arbres terminés, la plantation ne pouvait pas avoir lieu immédiatement à cause de la gelée ou d'un temps très pluvieux, on les serrerait dans un bâtiment frais et à l'abri de la gelée et sans les démailloter, ou bien on les enterrerait dans un jardin.

5. De la plantation proprement dite. — Pour planter les jeunes pommiers, on commence par creuser des trous circulaires en se conformant aux indications suivantes : Si le terrain est léger, friable et perméable à l'air et à l'eau, on donnera à chaque trou un diamètre d'un mètre et une profondeur de 45 centimètres. On piochera le fond du trou, puis on le remplira avec des joncs marins, des ronces, de la paille de colza nommée rapetil, etc., sur une épaisseur d'environ 20 centimètres. On mettra par-dessus 12 centimètres de bonne terre végétale bien divisée et on plantera l'arbre par-dessus, de façon que ses racines, le tassement naturel opéré, soient recouvertes de terre sur une épaisseur de 15 à 20 centimètres. Pour l'enterrer, on jettera sur les racines de la terre végétale bien divisée, en ayant soin auparavant de placer toutes les racines à la main aussi horizontalement que possible et en lignes droites, comme autant de rayons de cercle. En jetant la terre sur les racines, on devra veiller à ce qu'elle remplisse bien tous les interstices qu'elles forment. Enfin on achèvera de combler le trou.

Mais si le terrain dans lequel on veut planter est entier, dur, compact et imperméable à l'air et à l'eau, on devra donner aux trous un diamètre de 1 mètre 35 et une profondeur de 75 centimètres. On placera au fond de ce trou un tas de pierrailles, briquetons, cailloux, etc., sur une épaisseur de 25 centimètres ; on les recouvrira d'une couche de joncs marins, etc., d'une égale épaisseur ; on mettra par-dessus 12 à 15 centimètres de bonne terre végétale bien divisée, et on plantera l'arbre dessus avec les soins sus-indiqués et de la manière expliquée ci-dessus ; enfin on comblera le trou avec la terre qui en a été retirée. Le tassement naturel opéré, les racines se trouveront enterrés à une profondeur d'au moins 12 à 15 centimètres, ce qui sera suffisant et le vide formé par les interstices des pierrailles attirera l'eau pluviale qui s'écoulera ainsi en dessous et par ce moyen les racines n'auront point à craindre une excessive humidité qui pourrait les faire périr.

6. Soins à donner aux arbres après la plantation. — La plantation terminée, on enfonce en terre, à côté de chaque arbre, un fort pieu destiné à lui servir de tuteur et auquel on l'attache par des liens d'osier, afin d'empêcher les grands vents de l'ébranler ou de le courber. On met ensuite une armure autour afin de le préserver de l'atteinte des bestiaux. Enfin on répandra au pied de chaque arbre de la paille de van, ou bien on y mettra une couche de cailloux destinés à empêcher la sécheresse de l'été de pénétrer jusqu'aux racines, ce qui nuirait à la reprise. Si cette sécheresse était trop grande et durait trop longtemps, il faudrait en outre arroser de temps en temps.

7. **Formation de la tête des jeunes pommiers.**
— La plantation achevée et les arbres soignés
comme il vient d'être dit, tout ne sera pas encore fini, car si on abandonnait alors ces arbres
à eux-mêmes, les branches en poussant pren-
draient toutes sortes de mauvaises directions,
ce qui donnerait des arbres mal construits et
qui rapporteraient moins de fruits. Si l'on veut
avoir des pommiers bien faits et fertiles, il faudra soigner leur tête durant trois ans comme il
suit. A la fin du mois de juin qui suit la plantation, on choisit parmi les rameaux que chaque
jeune arbre a poussés, trois des plus vigoureux
également espacés. On les attache autour d'un
petit cerceau de 15 centimètres de diamètre et
on taille tous les autres à demi-longueur afin
d'en faire des branches coursonnes ou branches
fruitières. Au printemps suivant, on taille les
trois rameaux conservés à 20 centimètres de
longueur environ, sur un bon œil situé en dehors

ou latéralement, mais jamais en dedans. Fin juin, lorsque ces trois branches ainsi taillées ont poussé à leur tour plusieurs ramifications, on choisit sur chacune d'elles deux rameaux situés de chaque côté, on les attache à un second cerceau ayant cette fois 30 centimètres de diamètre et on taille tous les autres pour les mettre à fruit. Au printemps de la seconde année qui suit la plantation, on taillera les six rameaux conservés sur une longueur de 18 à 22 centimètres, en ayant soin de les tailler tous sur des yeux latéraux. Au mois de juin suivant, on choisira sur chacun d'eux les deux nouvelles pouces les mieux placées et on les attachera à un troisième cerceau de 50 centimètres de diamètre, sans retirer les anciens dont les attaches seront au contraire renouvelées si besoin est. Toutes les autres pousses seront taillées à fruit comme il a déjà été dit. Enfin, au printemps de la troisième année qui suivra celle de la plantation, les douze rameaux conservés seront taillés de 20 à 25 centimètres de longueur, toujours sur des yeux latéraux, et l'arbre sera abandonné à lui-même. Ces douze jeunes branches-mères également espacées entre elles et maintenues en place au moyen d'un quatrième cerceau de 65 centimètres de diamètre, serviront à donner au pommier en peu d'années une magnifique tête à branches semi-verticales, ce qui les mettra hors de l'atteinte des bestiaux lorsqu'elles seront chargées de fruits, en même temps que les pommiers n'ombrageront pas trop l'herbe du verger.

8. Elagage. — Lorsque les pommiers ont atteint un certain âge, il devient quelquefois utile de les élaguer. Cette opération, qui doit toujours être faite avec discernement, consiste à retrancher au moyen d'un fort sécateur à deux mains, ou d'une serpe : 1° les branches mortes ; 2° celles qui se frottent l'une contre l'autre et s'écorchent par suite de l'action des vents ; 3° celles qu'une trop grande charge de fruits a forcées et qui tendent à descendre vers la terre ; 4° enfin, les branches trop nombreuses qui ont poussé à l'intérieur de la tête et rendent l'arbre touffu, afin de lui donner plus d'air et de lumière.

9. Engrais des pommiers. — Les pommiers à cidre et généralement tous les arbres fruitiers, en puisant sans cesse dans la terre leur nourriture et celle de leurs fruits, finissent par appauvrir le sol où ils sont plantés. Il est donc nécessaire de les fumer de temps en temps. Le meilleur engrais, pour les arbres fruitiers, est un terreau composé comme il suit : 1° deux cinquièmes de marc de pommes ; 2° un cinquième de fumier de ferme un peu consommé ; 3° un cinquième de *jernottes* de racines de

chiendent et autres mauvaises herbes ramas-
sées dans les terres labourables et désignées
sous le nom générique de *crignes* ; et 4° un
cinquième de chaux vive. On mélange ces
quatre sortes de substances en les mettant en
tas de façon que la première couche à terre soit
formée des crignes, la seconde de la chaux, la
troisième du marc des pommes et la quatrième
du fumier de ferme. On continue de mettre
ainsi des nouvelles couches dans le même ordre
jusqu'à ce que le tas ait atteint 1 mètre 50 de
hauteur. On recouvre la dernière couche d'ancien terreau et on laisse le tas mûrir pendant
un an. Au bout de ce temps, on le remue à la
pelle en le changeant de place deux ou trois
fois afin de bien opérer le mélange des diverses
substances qui le composent. Enfin, quand ce
terreau est bien fait, on le répand sous les pommiers non pas au pied de la tige, ce serait inutile
mais en une bande circulaire d'un mètre

cinquante centimètres à deux mètres de largeur selon la grandeur des pommiers, et placée à l'extrémité des branches, parce que c'est à cet endroit que se trouvent les petites radicelles ou chevelu qui, seules, puisent dans le sol la nourriture des arbres. Il sera bon aussi de les arroser de temps à autre avec du purin ou jus de fumier, ou bien avec de l'urine coupée de moitié d'eau,

10. Distance à laquelle on doit planter les pommiers. — Il est plus nuisible qu'utile de planter des pommiers dans les terres labourables, parce qu'ils gênent pour labourer et herser ; que leur ombre nuit à la quantité et surtout à la maturité des récoltes et que leur produit compense rarement les inconvénients qu'ils causent. Mais il est éminemment utile d'en planter dans tous les herbages ou pâturages, parce que là leur ombre favorise l'accroissement de l'herbe qui pousse plus abondante et en même temps plus succulente, ainsi que l'affirment les savants. Toutefois on ne devra point les planter trop près, parce qu'alors ils se gêneraient mutuellement et ne pourraient point acquérir leur complet développement. En ayant soin de les planter en quinconce, ce qui est fort joli, un écartement de onze mètres entre chaque pommier d'une même rangée et un semblable écartement entre toutes les rangées sera une distance convenable.

CHAPITRE II

MULTIPLICATION DES ARBRES FRUITIERS

11. Il y a trois moyens de multiplier les arbres fruitiers :

1° la greffe ;

2° la marcotte ;

3° le semis.

CHAPITRE III

DE LA GREFFE

12. **Définitions.** — Appliquer sur un végétal une portion d'un autre végétal pour qu'elle s'y unisse et y croisse, cela s'appelle *greffer*. On donne le nom de *greffe* à la portion détachée du végétal qu'on veut multiplier : c'est tantôt un rameau ou scion, et tantôt un œil ou écusson.

La plante, l'arbre ou la branche qui reçoit la greffe se nomme *le sujet*.

La greffe est un excellent moyen de conserver et multiplier les espèces et variétés rares ou utiles. Mais pour qu'elle réussisse bien et donne des arbres vigoureux, fertiles et pouvant vivre longtemps, il est indispensable qu'il y ait entre les sujets et les greffes une analogie suffisante par leur mode de végétation, par les mouvements ascensionnels et descendants de la sève, par la qualité des sucs propres et enfin par les caractères qui les constituent en espèces, genres et familles.

13. **Choix des sujets.** —De ce qui précède, il résulte qu'on ne peut greffer les poiriers et pommiers à fruits de pressoir, les seuls qui nous occupent, que sur trois sortes de sujets : 1° les poiriers et pommiers plus ou moins âgés et dont on veut changer l'espèce de fruits; 2° les sujets francs ou égrains venus de semis de pépins de poires et de pommes; 3° les sauvageons de poirier et de pommier qui croissent spontanément dans les bois.

14. Choix des greffes. — Pour faire des greffes par scions on ne doit prendre que des rameaux âgés d'un an; le bois de deux ans se met plutôt à fruit, mais donne des arbres moins vigoureux. On ne doit donc s'en servir qu'à défaut d'autre.

Il est essentiel de ne choisir les greffes que sur des arbres sains, vigoureux, fertiles et donnant des fruits complets (n° **3, 2°** partie), et en les choisissant on devra prendre de préférence les rameaux qui ont joui d'avantage de l'influence de l'air et de la lumière, parce que leurs yeux sont mieux constitués. Il faut autant que possible les cueillir un mois ou six semaines avant l'époque où on doit greffer. Pendant ce temps, on les place au pied d'un mur à l'exposition du Nord, et en les enfonçant en terre sur environ un tiers de leur longueur. L'état de privation qu'ils supportent, par ce moyen, les affame et donne aux greffes une facilité plus grande pour la reprise. **A défaut de rameaux** cueillis d'avance, on peut se servir de rameaux fraîchement coupés, pourvu toutefois que les yeux ne soient pas ouverts. Mais alors la reprise est moins assurée. Pour la greffe en écusson, au contraire, on ne doit cueillir les rameaux destinés à fournir des écussons qu'au moment de s'en servir. Mais si on était obligé d'aller les chercher au loin, il faudrait, aussitôt après avoir cueilli les rameaux, couper les feuilles en laissant le pétiole ou queue, puis les envelopper soigneusement dans une bonne épaisseur d'herbes fraîches ou de foin mouillé pour empêcher qu'ils ne se dessèchent.

15. Instruments dont on se sert pour greffer. — Les instruments nécessaires pour greffer sont: 1° une petite scie à main nommée *égohine*, pour couper la tête des gros sujets et les fortes branches; 2° un *greffoir*, sorte de petit couteau dont la lame bien affilée doit avoir 5 à 6 centimètres de longueur et être en acier fin ; le manche, qui doit avoir 9 centimètres de long, est terminé par une spatule en os ou en ivoire. Cette spatule sert à détacher et à soulever les écorces dans la greffe en couronne. Avec la lame, on taille les greffes et on fait, sur les sujets, les incisions et entailles nécessaires. Elle doit toujours être tenue dans un état de propreté parfaite ; 3° une forte serpette pour fendre la tête des sujets et un petit maillet pour frapper dessus au besoin ; 4° enfin plusieurs petits coins de bois sec de différentes dimensions pour maintenir la fente ouverte jusqu'à ce que la greffe soit bien placée.

16. Remarques essentielles. — 1° Lorsqu'on regreffe des vieux arbres, soit pour leur donner une vigueur nouvelle, soit pour leur faire produire des fruits d'une espèce différente, il est nécessaire de laisser deux ou trois branches d'appel pour maintenir la circulation de la sève dans le sujet. La reprise est ainsi plus certaine. La suppression de toutes les branches en même temps nuirait à ces arbres. Une fois les greffes prises, les branches d'appel seront arrêtées dans leur développement au fur et à mesure que les greffes pousseront, puis complètement supprimées afin de ne pas nuire au développement de celles-ci.

2° L'époque la plus convenable pour greffer les arbres à fruits de pressoir est le printemps et particulièrement la seconde moitié du mois d'avril et tout le mois de mai. En effet, pour greffer avec succès, il importe que l'ascension de la sève dans le sujet soit en mouvement marqué.

3° En posant les greffes soit en fente, soit en couronne, il est indispensable, pour assurer la reprise, de faire coïncider le mieux possible les écorces de la greffe avec celles du sujet. C'est en effet par leurs écorces intérieures qu'ils se soudent.

4° Il est aussi grandement utile, en greffant, d'opérer le plus vite possible afin que le contact de l'air n'ait pas le temps de nuire à la reprise en desséchant les plaies.

5° Pour bien assujettir les greffes, il est souvent utile de faire des ligatures. On emploie à cet effet soit des fils de laine ou de coton, soit du petit ruban de coton ou bien encore des tiges d'osier, des joncs et des écorces flexibles. Les fils et le ruban de chanvre ou de lin ne valent rien, parce que la propriété qu'ils ont de se resserrer beaucoup sous l'influence de l'humidité étrangle les greffes.

6° Pour empêcher l'air et le soleil de dessécher les plaies résultant de l'opération de la greffe et interdire tout accès à l'humidité qui est très nuisible, il est nécessaire de les engluer. On se sert à cet effet de *mastic* à greffer. Il y en a de trois sortes : le *mastic* à greffer à chaud; le *mastic* à greffer à *froid* et l'*onguent* de saint Fiacre. En voici la composition :

1° Mastic à employer à chaud. On fait fondre dans un vase de terre, sur le feu, 100 grammes de poix blanche de Bourgogne, 24 grammes de poix noire ; 24 grammes de résine ; 20 grammes de cire jaune et 12 grammes de suif. On mélange bien le tout pendant la fusion. Quand on veut se servir de ce mastic, on place le vase qui le contient sur un réchaud allumé, puis, lorsqu'il est suffisamment ramolli, sans être trop chaud, pour ne pas nuire à la plaie, on l'applique au moyen d'une spatule ou d'un pinceau.

2° Mastic à employer à froid. On fait fondre également dans un vase, sur le feu, et on mélange pendant la fusion : 100 grammes de cire jaune ; 100 grammes de térébenthine grasse ; 50 grammes de poix blanche de Bourgogne et

20 grammes de suif. On en fait des bâtons qu'on enveloppe dans des bandes de toile ou de fort papier, et quand on veut l'employer, on en prend un morceau qu'on pétrit entre ses doigts pour le ramollir et on l'applique.

3° Onguent de saint Fiacre. Mais comme ces deux espèces de mastic sont d'un prix assez élevé et que leur confection et surtout leur emploi sont assez difficiles, nous leur préférons et conseillons de leur préférer l'onguent de saint Fiacre, ainsi nommé parce que c'est, dit-on, ce saint qui en fit usage le premier. Ce mastic, facile à faire et à employer, ne coûte rien, car il se compose de deux tiers d'argile et d'un tiers de bouse de vache battues ensemble et réduites en une bouillie un peu épaisse. Pour l'employer, on en met une couche, épaisse de 4 centimètres, sur un morceau de chiffon qu'on enroule ensuite autour de la tête du sujet, de façon que la plaie soit bien recouverte et que les bords de la toile soient bien agglutinés. Cette sorte de mastic est la seule employée dans nos campagnes.

17. Des diverses sortes de greffe. — Nous ne parlerons point ici des nombreuses variétés de greffe qui ornent, avec figures à l'appui, les traités d'horticulture. Ce serait inutile. Nous nous occuperons seulement des quatre sortes les plus faciles à pratiquer et les meilleures pour obtenir promptement des arbres faits. Ces quatre sortes de greffe sont : la greffe en fente, la greffe en couronne, la greffe en écusson et la greffe par approche.

18. Greffe en fente. — La greffe en fente consiste d'abord à couper la tête du sujet avec l'égohine, puis à rafraîchir et unir la coupe avec la lame de la serpette ou du greffoir, afin de faire disparaître les déchirures causées par

les dents de l'égohine et qui nuiraient à la formation du bourrelet d'écorce destiné par la
nature à recouvrir la plaie. Cela fait, on fend la
tête du sujet avec la lame de la serpette et on
maintient cette fente ouverte au moyen d'un
des petits coins de bois sec dont il a été parlé
précédemment. (N° **15**, 2ᵉ partie.) On prend
ensuite un des rameaux destinés à servir de
greffe ; on le taille en biseau, sur une longueur
de 5 à 6 centimètres et on l'introduit dans la
fente en ayant soin de bien faire coïncider les
écorces de la greffe et du sujet. (No **16**, 3ᵉ partie.) Lorsque la greffe est bien placée, on retire
doucement le coin qui maintenait la fente ouverte, on ligature si besoin est, et on recouvre
la plaie de mastic à greffer, dit onguent de
saint Fiacre.

19. Greffe en couronne. — Cette sorte de greffe
diffère de la précédente en ce qu'au lieu de

fendre la tête du sujet on incise seulement l'écorce sur le côté de la tige, avec la pointe de la serpette, sur une longueur de 5 à 6 centimètres, et qu'on détache l'écorce du bois. On taille ensuite le rameau greffé en bec de flûte et on l'introduit sous l'écorce du sujet qu'on soulève avec la spatule du greffoir ou un petit coin de bois aplati. En plaçant la greffe, on doit veiller à ce que la partie taillée soit bien enfoncée sous l'écorce du sujet et que les deux écorces coïncident bien. On ligature ensuite solidement et on couvre de mastic à greffer.

20. **Greffe en écusson.** — Cette greffe, qui se pratique depuis le milieu de mai jusqu'à la fin de l'été, consiste à prendre, sur un rameau de l'année de l'arbre qu'on veut multiplier, une petite bande longitudinale d'écorce d'environ 20 millimètres de longueur, garnie dans son milieu d'un œil bien développé et abrité par une feuille dont on ne laisse que le pétiole. Après avoir levé cette petite bande d'écorce qu'on nomme *écusson*, on détache le peu de bois qui s'y trouve, en ayant soin que l'œil reste bien plein. Cela fait on incise l'écorce du sujet sur une longueur à peu près égale à celle de l'écusson ; on la coupe ensuite transversalement vers le haut de l'incision longitudinale ; on soulève alors les deux lèvres ou bords de l'inci-sion en long, on passe l'écusson dessous et on ligature avec de la laine grossièrement filée et non teinte, en ayant bien soin de ne pas couvrir l'œil. En opérant, il faut agir le plus vite pos-sible afin que l'air et la chaleur ne puissent pas dessécher l'écusson.

Cette sorte de greffe a plusieurs avantages sur les deux précédentes. 1° On voit au bout d'une quinzaine de jours si elle est prise ou non, et dans le cas de non réussite, on peut recom-mencer même plusieurs fois ; 2° on peut placer plusieurs écussons sur un seul sujet, ce qui augmente les chances de succès, car un seul écusson bien pris suffit pour former un arbre; 3° comme elle se pratique durant l'été et une partie de l'automne, on peut la faire sur les arbres greffés en fente et en couronne au printemps et dont les greffes n'auraient pas pris, et regagner ainsi l'avance d'une année qui sans cela serait perdue ; 4° on peut par son moyen greffer des sujets très petits tels que des égrains d'un an, pour lesquels la greffe en fente et en couronne ne serait pas praticable ; 5° enfin elle offre un excellent moyen de multiplier le pommier par marcottes, comme nous le verrons dans le chapitre suivant.

Il y a deux variétés de greffe en écusson : la greffe en écusson à œil poussant et la greffe en écusson à œil dormant. La première se pratique du milieu de mai au commencement de juillet. On la nomme ainsi parce que l'œil, grâce à la chaleur et à l'abondance de la sève, entre immédiatement en végétation et donne un rameau plus ou moins long, pendant le même été. On l'emploie surtout pour le rosier et autres arbustes d'agrément.

La greffe en écusson à œil dormant est ainsi nommée parce que l'écusson, quoique bien pris, reste endormi pendant l'été et l'hiver et ne pousse un ou plusieurs rameaux qu'au printemps suivant. On la pratique depuis le commencement de juillet jusqu'au milieu de l'automne. Elle est préférable pour les arbres fruitiers, sauf quand on veut faire des marcottes.

21. Observations importantes. — 1° Dans toutes les sortes de greffe où l'on a ligaturé, et notamment dans les greffes en écusson et par approche, il est nécessaire de visiter les greffes de quinze jours en quinze jours afin de desserrer peu à peu les liens au fur et à mesure du grossissement de la tige et des branches du sujet et des greffes, pour empêcher qu'il ne se forme des étranglements et des bourrelets d'écorce, ce qui serait disgracieux et en même temps nuisible.

2° Pour toutes sortes de greffes, mais particulièrement pour la greffe en écusson, il est indispensable d'attacher les greffes et leurs rameaux à un tuteur fixé au sujet au moyen d'un lien ou enfoncé en terre, à mesure de leur développement, afin de les préserver d'accidents. Comme ces greffes et rameaux sont de leur nature très fragiles, si l'on négligeait ce soin, ils éclateraient au moindre coup de vent, ce qui arrive d'ailleurs très souvent.

22. Greffe par approche. — Cette sorte de greffe, dont la nature nous a fourni le modèle, se distingue des précédentes en ce que le sujet et la greffe restent adhérents aux arbres qui les portent, jusqu'à ce que la reprise soit bien assurée, et qu'on puisse les en séparer sans danger. On comprend sans peine que pour ce genre de greffe le sujet qu'on veut greffer doit être très rapproché de l'arbre qui doit fournir la greffe, afin qu'ils puissent se joindre facilement.

Les variétés de greffe par approche sont assez nombreuses, mais nous n'en indiquerons que deux : la greffe par approche en couronne pour former une tête d'arbre et la greffe par approche herbacée pour élever des branches fruitières sur le même arbre.

La première, qui se pratique au printemps et principalement au moment de l'ascension de la sève, consiste à faire deux incisions longitudinales de 5 à 6 centimètres de longueur et écartées entre elles de 3 à 8 millimètres suivant la grosseur de la branche qui doit servir de greffe. Ces deux incisions doivent se rejoindre en haut et en bas de façon à donner au creux qui en résulte la forme d'une navette. On enlève ensuite la partie d'écorce qui les sépare et on creuse l'aubier jusqu'au bois dur. Cela fait on pratique sur la branche greffe une entaille de même longueur et largeur, et on la fait entrer dans la cavité du sujet de façon que les écorces intérieures coïncident sur le plus grand nombre de points possible et on ligature plus ou moins solidement suivant le degré approximatif de résistance de la branche-greffe. On sèvre au printemps suivant un peu avant l'ascension de la sève. A cet effet, on commence par entailler profondément la greffe immédiatement au-dessous du point de jonction et en dessous de la branche. Quinze jours après on fait une seconde entaille au-dessus et huit jours plus tard on coupe la branche en entier et on retranche en même temps la tête du sujet au-dessus de a. ligature. Il est utile de couvrir ensuite les plaies avec du mastic à greffer à froid. (N° **16**, 8° §.)

La seconde espèce de greffe par approche, nommée greffe par approche en vert ou par bourgeon herbacé, se pratique de la mi-juin à la fin d'août. Elle réussit également bien sur tous les arbres fruitiers et elle est particulièrement avantageuse pour remplacer, dans les pêchers et la vigne, les coursonnes à fruits mortes ou dont la venue a été arrêtée, et garnir ainsi ces arbres de branches fruitières dans toutes celles de leurs parties où il en manque.

Voici comment on la pratique : On fait avec le greffoir une entaille ovale de 4 à 5 centimètres de longueur, à l'endroit où l'on désire établir une branche. On prend ensuite un rameau voisin encore vert, mais suffisamment aoûté; on lui enlève l'écorce en entamant légèrement l'aubier des deux côtés en forme de coin, sur une longueur égale à celle de l'entaille pratiquée sur la branche qu'on veut garnir, en ayant soin de laisser un œil en dessus et placé au milieu de la plaie; on place ensuite le rameau dans l'entaille et on le fait entrer de façon que les écorces coïncident bien. On fait après cela une ligature avec de la laine ou du jonc. Trois semaines ou un mois après l'opération, cette greffe est parfaitement reprise et elle commence à pousser. Il faudra alors desserrer les liens au fur et à mesure du grossissement afin d'empêcher les étranglements, mais sans les ôter. On pratiquera le sevrage au printemps suivant, de la manière enseignée ci-dessus pour la greffe par approche ordinaire.

CHAPITRE IV

DE LA MARCOTTE

23. — La plupart des horticulteurs pépiniéristes sont d'avis aujourd'hui qu'en multipliant les arbres fruitiers au moyen des diverses sortes de greffe, on appauvrit, on abatardit l'espèce, et qu'ainsi après un temps très long, il est vrai, mais encore trop court, ces espèces deviennent languissantes et finissent par périr; et que c'est en grande partie à cette cause qu'est due la disparition à peu près complète du *Vagnon-Rouge*, du *Marin-Onfroi* et de la *Peau-de-Vache*, ces excellents fruits d'autrefois. Pour obvier à ce très grave inconvénient, on a cherché depuis quelque quarante ans à multiplier les arbres à fruits de pressoir au moyen de semis de pépins. Mais comme ce moyen, très long du reste, n'a réussi qu'à peupler nos pommeraies d'arbres vigoureux et fertiles, nous en convenons, mais ne produisant presque tous que des mauvais fruits, puisque pour seize à vingt gains heureux, et donnant des fruits excellents, on a répandu dans nos pommeraies des centaines de variétés d'arbres ne produisant que des fruits plus que médiocres, nous nous sommes demandé s'il ne vaudrait pas mieux, tout en continuant à semer des pépins d'une part, chercher à obtenir des arbres francs de pied avec les meilleures espèces actuellement connues, en employant la marcotte. Il est certain que ce mode de multiplication réussit à merveille pour les végétaux a bois tendre, tels que la vigne, le cognassier, le noisetier, le mûrier, le groseiller, le figuier, le doucin et le paradis. En sera-t-il de même du pommier à fruits de pressoir, dont le bois est très dur. Nous l'espérons, et voici le moyen qui nous paraît le plus sûr pour obtenir promptement un grand nombre de rameaux enracinés ; moyen que nous allons essayer et que nous conseillons à nos lecteurs d'expérimenter de leur côté.

Dans la seconde quinzaine de novembre, faire un fossé creux de 60 centimètres de largeur sur 35 de profondeur, longueur à volonté. La terre retirée sera déposée sur les bords de façon à former des talus ou berges de 50 degrés d'inclinaison. On déposera au fond du creux 10 à centimètres de bon terreau et on plantera dedans des égrains ou jeunes plants de semis, âgés de trois, quatre ou cinq ans, en les écartant l'un de l'autre de 60 centimètres, et on les recèpera sur une hauteur de 20 à 25 centimètres. Au printemps suivant, la partie de tige conservée émettra de vigoureux rameaux. A la fin de juin, on posera sur chacun de ces rameaux deux ou trois écussons de l'espèce de pommes qu'on veut multiplier par la marcotte, et on pincera le surplus du rameau à un œil au-dessus du dernier écusson posé. Ces écussons pousseront au printemps qui suivra et donneront des rameaux puissants que l'on buttera avec du bon terreau au fur et à mesure de leur accroissement, sur une épaisseur de 25 centimètres environ. Lorsque le buttage sera terminé, on couvrira la butte d'un paillis épais et on arrosera fréquemment afin de tenir les rameaux buttés dans une suffisante fraîcheur qui favorisera le développement des racines. On favorisera encore davantage ce développement en pratiquant sur la marcotte une incision longitudinale de 6 à 8 centimètres de longueur, en la faisant partir de la base d'un œil, point auquel les racines se forment et se développent plus promptement que si le rameau n'eût pas été incisé. Au printemps suivant, on les détachera en décollant l'écusson au moyen d'un instrument tranchant, et on les replantera à part. Ils deviendront en quelques années des arbres faits.

CHAPITRE V

DU SEMIS

24. — Quoique par le semis on n'ait obtenu jusqu'à ce jour que quelques bonnes espèces seulement (N° **23**) contre un très grand nombre de mauvaises, il ne faut pas pour cela se lasser de semer ; *le semis*, comme moindre résultat, produisant toujours des sujets pour la greffe. Afin d'obtenir des bons gains de plus en plus nombreux, nous conseillons de procéder comme il suit :

1° Choisir sur les espèces les plus riches en sucre, en tannin, en mucilage et en coloris, telles que Médaille d'or, Fréquin rouge, Jaunet pointu, Reine des hâtives, Pomme Godard, Bédan ancien, Saint-Laurent, Amère de Berthecourt, Bédan des parts, Peau de vache nouvelle, Fréquin-Audièvre, Martin-Fessard, etc., les fruits les mieux venus et les plus parfaits de forme et de taille ; les conserver sèchement jusqu'à leur complète maturité. Enlever alors leurs pépins et choisir parmi ces pépins ceux qui sont bien développés et bien mûrs et rejeter ceux qui sont pâles, ridés ou petits, puis, à mesure que le choix en est fait, les semer dans du bon terreau.

2° Lorsque les pépins auront levé et que la plumule ou jeune tige aura atteint 12 à 15 centimètres, on les arrachera, on coupera le bout du pivot de la racine afin de la faire ramifier, puis on les repiquera à bonne exposition dans une terre de bonne qualité et bien fumée, en ayant soin d'espacer les lignes d'un mètre et les plants de 25 centimètres; on devra avoir soin d'arroser tous les jours jusqu'à ce que la reprise soit bien assurée et ensuite de temps à autre, mais assez fréquemment durant tout l'été, afin de hâter le plus possible la croissance des jeunes plants.

3° Au commencement d'octobre, choisir parmi ces égrains ceux qui auront un bois clair, rouge-brun foncé, un peu duveteux et sans dards, et des feuilles larges et longues d'un vert foncé, et les marquer au moyen d'une ficelle enroulée autour du bas de leur tige.

4° A la fin de janvier, on taillera chacun d'eux sur un œil bien développé, destiné à prolonger leur tige dont la poussée ne sera guère retardée par cette opération. On fera avec la partie re-tranchée une ou plusieurs greffes qu'on con-servera comme nous l'avons indiqué (N° **14**) et qu'on greffera en **avril**, soit en fente, soit en couronne sur des sauvageons vigoureux et ayant au moins 2 mètres de hauteur, condition de rigueur.

En appliquant ensuite à ces arbres d'expérience les moyens indiqués par les professeurs d'horticulture, savoir : l'arcure des branches et les incisions annulaires pour hâter leur fructification, ils donneront leurs premiers fruits dès la troisième ou la quatrième année. On soumettra ces premiers fruits à l'analyse ; s'ils sont de qualité supérieure sous le rapport du sucre, du tannin, du mucilage et du coloris, on les multipliera tant par la greffe que par la marcotte. S'ils sont, au contraire, médiocres ou mauvais, les arbres qui les auront produits seront, ainsi que les pieds-mères, regreffés avec des espèces meilleures. Quant aux autres égrains qui seront naturellement les plus nombreux, on les élèvera pour en faire des sujets que l'on greffera soit en pied, soit en tête, à volonté. En suivant ces conseils avec persévérance, on obtiendra d'ici à une vingtaine d'années une quantité respectable de variétés nouvelles produisant des fruits complets. C'est ce que nous souhaitons bien sincèrement dans l'intérêt de notre chère Normandie, le pays par excellence du bon cidre.

CHAPITRE VI

DES ENNEMIS DES ARBRES A FRUITS DE PRESSOIR

25. Les arbres à fruits de pressoir et, en général, tous les arbres fruitiers, ont deux sortes d'ennemis : les *maladies* et les *insectes*.

26. **Maladies des arbres fruitiers**. — Les arbres fruitiers sont sujets à diverses maladies qu'il nous importe de connaître sinon dans leurs causes, au moins dans leurs effets, afin d'apporter les remèdes propres à les guérir.

27. Les principales de ces maladies sont : la gomme, la cloque, le blanc ou oïdium, la rouille, la jaunisse ou chlorose, les chancres, les ulcères et la carie, les bourrelets, la gélivure, la mousse et le gui.

28. De la gomme, de la cloque et de l'oïdium. — La gomme est une maladie spéciale aux arbres à fruits à noyau. La cloque est particulière au pêcher; enfin l'oïdium n'attaque spécialement que la vigne et le pêcher. Nous ne nous en occuperons pas ici.

29. De la rouille et de la jaunisse ou chlorose. — La rouille est une espèce de champignon du genre *Uredo*, qui vient sur les feuilles des arbres fruitiers et autres végétaux. Il se montre sous la forme de petites taches rousses placées sous les feuilles et les bourgeons. On ignore les causes qui le font naître. On peut le combattre en arrosant les feuilles attaquées avec une dissolution de savon noir. Du reste, ses effets, qui sont de faire tomber les feuilles attaquées et pousser des bourgeons à contretemps, ne nuisent guère à l'arbre et on peut ne pas s'en préoccuper.

La jaunisse ou chlorose est une maladie qui attaque tous les arbres fruitiers mais principalement le poirier. Les feuilles jaunissent, les bourgeons cessent de pousser, deviennent faibles et languissants, et très souvent se dessèchent par le bout. Cette maladie est due tantôt à l'épuisement du sol ou à son manque de profondeur, et tantôt à des influences atmosphériques contraires. Dans le premier cas elle se manifeste pendant toute la durée de la végétation. On y remédie en mettant du fumier au pied de l'arbre et en arrosant ses racines avec des engrais liquides, tels que purin ou jus de fumier, urine coupée d'eau, etc. Quand la chlorose est due à des influences atmosphériques contraires, telles qu'une longue sécheresse ou des pluies prolongées qui rendent l'arbre languissant, elle ne présente pas de danger sérieux, et le plus souvent, elle disparaît avec les causes qui l'ont produite. Du reste dans ce cas, comme dans le premier, on obtient de bons effets en arrosant les feuilles, au moyen d'une pompe à main, avec de l'eau dans laquelle on a fait dissoudre un ou deux grammes de sulfate de fer par litre d'eau employée.

30. Des chancres, des ulcères et de la carie. — Ces diverses maladies, ayant des causes semblables et des effets identiques, pourraient à la rigueur être désignées par le même mot. Tous les arbres et principalement le pommier et le poirier y sont sujets. On reconnaît ces maladies en ce que des parties d'écorce noircissent puis se fendillent et tantôt laissent suinter une sorte de viscosité et tantôt sont attaquées de pourriture sèche. La présence de ces maladies indique le plus souvent une mauvaise santé de l'arbre ou l'épuisement. Quelquefois aussi cependant, elles sont dues à des accidents tels que coups, meurtrissures, écorchures, morsures des animaux, etc. Dans ce cas, elles sont faciles à guérir. On gratte les plaies avec un instrument bien tranchant de façon à faire tomber toute la partie d'écorce malade, jusqu'à ce qu'on découvre tout autour de cette plaie l'écorce bien saine. On cautérise alors la plaie en la frottant avec une poignée d'oseille dont on exprime le jus sur cette plaie; on la laisse sécher et on la recouvre ensuite avec du mastic à greffer à froid ou avec de l'onguent de saint Fiacre. On peut également boucher la plaie avec un mortier de plâtre ou de ciment. Quand ces maladies sont dues à la mauvaise santé de l'arbre ou à son épuisement, elles sont plus difficiles à guérir. Il faut, dans ce cas, non seulement gratter au vif les plaies, mais encore enlever toutes les

vieilles écorces jusqu'à ce qu'on découvre légèrement l'épiderme vivant ; cautériser partout avec
du jus d'oseille comme il est dit ci-dessus ; puis
laver la tige et les branches avec un lait de
chaux ; arroser l'arbre avec des engrais liquides
afin de lui redonner de la vigueur, et enfin, si
cela est nécessaire, *ravaler*, c'est-à-dire raccour-
cir les branches afin d'obtenir des nouvelles
pousses plus vigoureuses.

Nous ferons observer que ces maladies sont
fréquentes aussi bien dans les terrains très secs
et brûlants que dans ceux qui sont très humides
et froids.

31. Des bourrelets et de la gélivure. — Les
bourrelets ne sont point à proprement parler
une maladie. Ils sont causés par l'extravasation
de la sève et le grossissement de la branche trop
fortement comprimée par un lien. Ce lien finit
par entrer complètement dans le ligneux et y

pourrit, ce qui peut occasionner la rupture de la branche ou y faire naître un chancre. Il importe en conséquence de desserrer les liens en temps utile.

La gélivure est causée par les fortes gelées ; elle se manifeste par des fentes longitudinales sur le tronc et un suintement de liquide. On la rencontre rarement dans les arbres fruitiers, mais elle est assez fréquente dans les arbres forestiers, notamment dans l'orme. Le remède consiste à aviver, c'est-à-dire gratter l'écorce au vif des deux côtés de la fente et la boucher avec de l'onguent de saint Fiacre, ou un mortier de ciment.

32. De la mousse et du gui. — Les arbres fruitiers, à mesure qu'ils avancent en âge, sont fréquemment envahis par des mousses, lichens, champignons, etc., qui entravent leurs fonctions et leur nuisent. D'après M. Elisée Valyn, on débarrasse facilement l'arbre de ces plantes parasites en les couvrant d'une bouillie composée de neuf parties d'argile grasse délayée dans de l'eau et à laquelle on ajoute un dixième de plâtre au moment de l'employer. Les fortes pluies de l'hiver font tomber cette bouillie, laquelle entraîne dans sa chute les plantes parasites et les insectes qui s'y cachaient. On peut aussi les arracher par un temps humide au moyen de petits balais de bouleau de 10 à 12 centimètres de tour fortement serrés avec du fil de fer. On peut encore employer à cet effet un lait de chaux un peu épais.

Le gui est une plante parasite à feuilles persistantes d'un vert foncé dont les semences visqueuses se collent sur les branches du poirier et surtout du pommier, y germent, s'y développent et deviennent des buissons qui attirent la sève de l'arbre à eux, l'épuisent et finissent par le faire périr. On en débarrasse l'arbre en les coupant avec une serpe et en dolant leur racine jusqu'à l'aubier du pommier et du poirier.

33. Des insectes nuisibles aux arbres fruitiers. — Les insectes nuisibles aux arbres fruitiers à cidre et à poiré sont : les chenilles, les pucerons, le kermès, le tigre, la lisette ou coupe-bourgeons, la grise, les hannetons et le ver blanc ou man.

34. Des chenilles. — Les espèces de chenilles qui vivent sur les arbres fruitiers ne sont heureusement pas nombreuses ; les deux espèces principales sont la chrysorrhée ou commune et la livrée. Elles mangent les feuilles de ces arbres avec une telle avidité qu'elles les dépouillent entièrement en assez peu de temps. Elles nuisent ainsi à la qualité des fruits, car elles se réunissent par groupes et, tant qu'elles sont jeunes, elles vivent en société, se transportant d'un endroit à un autre. C'est le moment propice pour les détruire. On y parvient soit en les écrasant le matin, alors qu'elles sont encore engourdies par la fraîcheur de la nuit, soit en les aspergeant avec une dissolution de savon vert qui les tue immédiatement. L'huile de noix produit le même résultat. Il est bon aussi et prudent d'enlever les œufs et leurs nids avant l'éclosion : c'est ce qu'on appelle pratiquer l'échenillage.

35. **Des pucerons.** — Il y en a de deux sortes : le puceron vert et le puceron lanigère. Les pucerons verts causent aux arbres des dommages notables par leur effrayante multiplicité. Ils attaquent l'extrémité des bourgeons et les feuilles au point de suspendre ou d'entraver fortement la végétation. On les détruit en les aspergeant, au moyen d'une pompe à main, avec une dissolution de savon vert, faite à raison de *dix* grammes par litre d'eau employée.

Le puceron lanigère est particulier au pommier qu'il fait périr assez promptement par les nombreuses exostoses ou excroissances qu'il produit et sur lesquelles il vit. Il est recouvert d'un duvet laineux blanc qui annonce sa présence. Sa destruction est malheureusement très difficile et aucun des nombreux moyens proposés pour le tuer n'a une efficacité suffisante. Voici, parmi ces procédés, ceux qui nous paraissent les meilleurs : 1° Frotter fortement et à plusieurs reprises toutes les parties atteintes avec une brosse dure imbibée d'huile de poisson ou d'essence de térébenthine ou bien d'huile de lin, et ensuite laver les parties atteintes avec une dissolution de sulfate de fer ou couperose verte faite à raison de 5 à 6 grammes par litre d'eau. 2° On peut, après avoir bien écrasé les insectes au moyen d'une brosse dure, laver les parties atteintes avec de l'eau aiguisée d'un dixième d'alcool camphré. On peut encore chauler la tige et les branches de l'arbre avec de la chaux vive délayée dans de l'huile de lin.

36. Kermès. — Le kermès est un insecte plat ayant la forme d'un losange étroit et allongé, qui s'attache aux branches des arbres en couches tellement pressées, tellement compactes et continues que la circulation de la sève en est extrêmement gênée, que l'arbre en devient languissant et finit même par périr. On fait tomber ces insectes en frottant les branches atteintes avec une brosse rude ou un pinceau, en allant en remontant de la naissance de la branche à son extrémité, afin de ne pas blesser les yeux. On les lave ensuite avec une décoction de tabac ou une dissolution de savon vert préparée comme il est dit ci-dessus. (N° **35,**

§ 1er.) Enfin on les couvre d'un lait de chaux un peu épais. La meilleure époque pour faire cette opération est la fin de l'automne, immédiatement après la chute des feuilles.

37. Tigre. — Cet insecte se plaît particulièrement sur le poirier dont il attaque les feuilles, ce qui nuit à la qualité des fruits et à la santé de l'arbre. On le détruit en aspergeant de bas en haut toutes les branches de l'arbre avec de l'eau additionnée d'un décilitre de vinaigre par litre d'eau ou avec une décoction de tabac.

38. Lisette. — La lisette ou coupe-bourgeons, nommée par quelques jardiniers *scie à bois*, est une espèce de charançon qui coupe les bourgeons lorsqu'ils n'ont encore que quelques centimètres de longueur et sont conséquemment très tendres. Elle mange en outre les bourgeons des greffes lorsqu'ils commencent à se développer. Enfin, elle coupe l'extrémité tendre des rameaux. Les lotions faites soit avec une dissolution de savon vert, soit avec une décoction de feuilles de tabac, éloignent ces insectes, mais ne les tuent pas. Nous ignorons s'il y a des moyens plus efficaces de s'en débarrasser.

39. La grise. — La grise est un insecte du genre *acarus* qui s'attache fréquemment aux feuilles du pêcher en couches tellement pressées que celles-ci sont empêchées de remplir leurs fonctions, ce qui nuit beaucoup à ces arbres. Le meilleur moyen de détruire cet insecte est d'arroser fortement et fréquemment les feuilles, parce que l'humidité le fait périr.

40. Hannetons et mans. — Les hannetons nuisent beaucoup aux arbres dont ils mangent les feuilles avec une voracité effrayante. Pour les détruire, il faut les cueillir sur les arbres et ensuite les écraser. Le moment le plus favorable pour cette cueillette est le point du jour, parce qu'alors ils sont engourdis par la fraîcheur et la rosée de la nuit.

Mais ce sont surtout les larves des hannetons, appelées *mans* ou *vers blancs*, qui sont à redouter. Ces dangereux insectes font périr non seulement les légumes et les céréales, mais aussi les jeunes arbres et même ceux déjà âgés dont ils mangent les racines tout autour du collet : et malheureusement on ne s'aperçoit de leur présence que quand le mal est fait. On ne connaît pas de moyens efficaces pour détruire ces terribles ennemis de l'agriculture. Il faut donc s'attacher à en diminuer le plus possible le nombre en cueillant et détruisant les hannetons avant la ponte. Heureusement que leur apparition est périodique et n'a lieu que tous les vingt ans environ.

LISTE

Des meilleures especes de pommes et de poires de pressoir.

§ 1er. — POMMES

Nos d'ordre.	NOMS des VARIÉTÉS	ÉPOQUE de MATURITÉ	LIEUX OU L'ON PEUT SE LES PROCURER
1	Amer doux.............	Fin octobre...........	Un peu partout, surtout à Roncherolles.
2	Amère-de-Berthecourt....	Fin novemb. et Décemb.	Chez M. le comte de Maupéou, à Berthecourt (Oise).
3	Argile rouge............	Courant novembre....	Ces deux variétés sont très répandues
4	Argile grise............	Id.	dans la Seine-Inférieure; la grise est préférable
5	Argile nouvelle..........	Fin novembre	Chez M. Legrand, pépiniériste à Yvetot.
6	Ambrette..............	Fin décembre........	id. id. id.
7	Ameret à cul gris........	Id	Environs d'Etoutteville et de Montivilliers.
8	Blanc-Mollet...........	1re quinzaine d'octobre.	Très répandue partout.
9	Bénard...............	2e quinzaine de novemb.	Canton du Coudray (Oise).
10	Barbarie..............	Id,	Cultivée et estimée dans l'Ille-et-Vilaine.
11	Bédan Hélouin..........	Id.	Néville et environs de Saint-Valery.
12	Bédan ou bédangue..	Fin décembre........	Très répandue et connue.
13	Binet................	Commencem. décemb..	Peu répandue.
14	Binet gris.............	Id. ..	Chez M. Legrand, pépiniériste à Yvetot.
15	Binet rouge	Fin décembre........	Cultivée à la Londe, près Elbeuf.
16	Bédan-des-parts.........	Commencem. décemb..	M. Legrand, à Yvetot.
17	Bramtot (pomme).......	Id.	id. id.
18	Belle cauchoise.........	Fin décembre........	id. id.
19	Docteur blanche........	Courant novembre,....	En demander à MM. Robert et Hauchecorne.
20	Doux Evêque...........	Fin octobre..........	Très répandue sous divers noms.
21	Desnos (Pomme)........	Fin décembre........	MM. Robert (de Goderville) et Hauchecorne.
22	Des Héberts (Président)..	Id.	Robert (Goderville) et Hauchecorne (Yvetot).
23	Delaplace (Pomme).......	Décembre et janvier...	Ecole de Beaumesnil (Eure).
24	Ecarlatine.............	Fin novembre........	Cultivée à Motteville-les-deux-Clochers.
25	Frequin d'Avranches(Gros).	Fin octobre...........	Répandue aux environs de cette ville.
26	Fréquin rouge..........	Commencem. novemb.	Très répandue aux environs d'Yvetot.
27	Fréquin blanc..........	Id.	Peu répandue.
28	Fréquin (Gros)..........	Id.	Cultivée dans la Sarthe et la Manche.
29	Fréquin-Audièvre	Fin décembre........	M. Audièvre, à Yvetot et à Limésy.

N°s d'ordre.	NOMS des VARIÉTÉS	ÉPOQUE de MATURITÉ	LIEUX OÙ L'ON PEUT SE LES PROCURER
30	Fresquin-Barré, ou Fresquin rouge	Id.	M. Alexandre Damour, pépiniériste à Roncherolles, près Rouen.
31	Galopin	Id.	M. Quesnel, propriétaire à Baons-le-Comte.
32	Gros-Muscadet	Fin octobre et novemb.	Assez répandue; nommée aussi Muscadet ou Mouscadet.
33	Gros-œil d'Avranches	Fin octobre	Cultivée aux environs d'Avranches (Manche).
34	Girard-vrai	Fin septembre	Cultivée à Saint-Clair-d'Arcey (Eure).
35	Groseiller	Fin décembre	Cultivée par M. Dieppois, pépiniériste à Yvetot.
36	Godard (Pomme)	Fin novembre	M. Godard, pépiniériste à Bois-Guillaume.
37	Hauchecorne (Pomme)	Fin décembre	M. Hauchecorne, à Yvetot.
38	Hautbois	Courant novembre	Cultivée à Motteville-les-deux-Clochers.
39	Jacques-Choulaut	Janvier	Cultivée et répandue à Limésy; très réputée.
40	Jaunet	Fin novembre	Cultivée aux environs de Gournay.
41	Jaunet de Bray	Id	Cultivée et répandue dans ce pays.
42	Jaunet pointu	Courant octobre	Chez M. Dieppois, pépiniériste à Yvetot.
43	Levoyageur	Courant novembre	M. Robert, à Goderville.
44	Mathieu (Pomme)	Fin novembre	Cultivée à Bertreville-Saint-Ouen.
45	Michelin (Pomme)	Fin décembre	Nouvelle chez les pépiniéristes d'Yvetot.
46	Legentil (Pomme)	Id.	id. id. id.
47	Pomme à tannin	Id.	id. id. id.
48	Pomme rouge	Fin décemb. et janvier.	Cultivée à Bézancourt et communes voisines.
49	Pomme Marabot	2e quinzaine décembre.	Chez M. Legrand, pépiniériste à Yvetot.
50	Moulin à vent	Fin décemb. et janvier.	M. Humelot, propriétaire à Saint-Clair-d'Arcey (Eure), et M. Crespin, à Larrivière (Orne).
51	Margotton	Commencem. décemb.	Peu répandue et peu connue. — Très bonne.
52	Martin Fessard	Fin novemb. et décemb.	Cultivée à Sainte-Marie-des-Champs, près Yvetot.
53	Médaille d'or	Id.	Chez M. Godard, pépiniériste à Bois-Guillaume.
54	Or-Milcent	Fin décemb. et janvier.	Cultivée à Vimoutiers (Orne).
55	Peau de vache (nouvelle)	Fin décembre	Chez M. Legrand, pépiniériste à Yvetot.
56	Pomme de miel	Mi-octobre	Cultivée dans la Seine-Inférieure et l'Eure; peu répandue.

NOMS des VARIÉTÉS	ÉPOQUE de MATURITÉ	LIEUX où l'on peut se les procurer
Pomme-de-Cat............	Fin octobre............	Cultivée auprès de la ville d'Eu.
Paradis................	Commencem. novemb.	Cultivée aux environs d'Yvetot.
Pomme Ridel............	Commencem. décemb..	M. Legrand, pépiniériste à Yvetot.
Précoce David............	Fin octobre............	M. David, à Saint-Clair-sur-les-Monts, près Yvetot.
Railé................	Commencem. octobre..	Chez M. Varin, propriétaire à Yvetot, quartier du Vieux-Moulin.
Reine des hâtives........	Id. ..	Chez M. Dieppois, pépiniériste à Yvetot.
Rosine................	Fin novembre........	M. Legrand, pépiniériste à Yvetot.
Rouge Bruyère..........	Courant novembre....	Se trouve partout, confondue souvent avec l'argile.
Rouget ou pomme à glanes.	Courant décembre.....	Cultivée à Néville, près Saint-Valery. chez M. Martot père, jardinier.
Rosine................	Fin novembre........	Nouvelle, chez M. Legrand, pépiniériste à Yvetot.
Saint-Laurent............	Fin octobre.........	Chez M. Dieusy, négociant à Rouen.
Sauger..............	Fin octobre et novemb.	Cultivée aux environs de Bernay (Eure).
Vagnon Legrand.........	Courant octobre......	Chez M. Legrand, pépiniériste à Yvetot.
Vagnon rouge ou doux-à-l'agnel..............	Id.	Cultivée encore un peu partout.

§ 2. — POIRES

NOMS des VARIÉTÉS	ÉPOQUE de MATURITÉ	LIEUX où l'on peut se les procurer
Carizi ou Caësy..........	Commencem. octobre..	A Pierrecourt (Seine-Inférieure) et aux environs d'Yvetot.
Croix-mare.............	Id. ..	Très répandue aux environs d'Yvetot.
Navet...	Mi-octobre...........	Chez M. Varin, propriétaire à Yvetot.
Hallegger..............	Id.	M. Robert (de Goderville) en possède peut-être.
Souris...............	Fin octobre..........	M. Quesnel, propriétaire à Baons-le-Comte.
Oignonné blanc..........	Id.	A Clécy (Calvados), chez M. Morière, et à Yvetot.
Poire de branche........	Id, ...	A Clécy (Calvados), chez M. Morière, et à Yvetot.
Poire de fusée ou Margot.	Courant novembre.... Id.	Cultivée un peu partout.
Gros Lantricotin..........		A Clécy (Calvados), chez M. Morière.
Petit Lantricotin.........	Id.	id. id.
Poire de Louise...........	Id.	id. id.

TABLE DES MATIÈRES

13.

DEUXIEME PARTIE

CULTURE DU POMMIER A CIDRE

ÉMILE COLIN. — Imprimerie de Lagny.

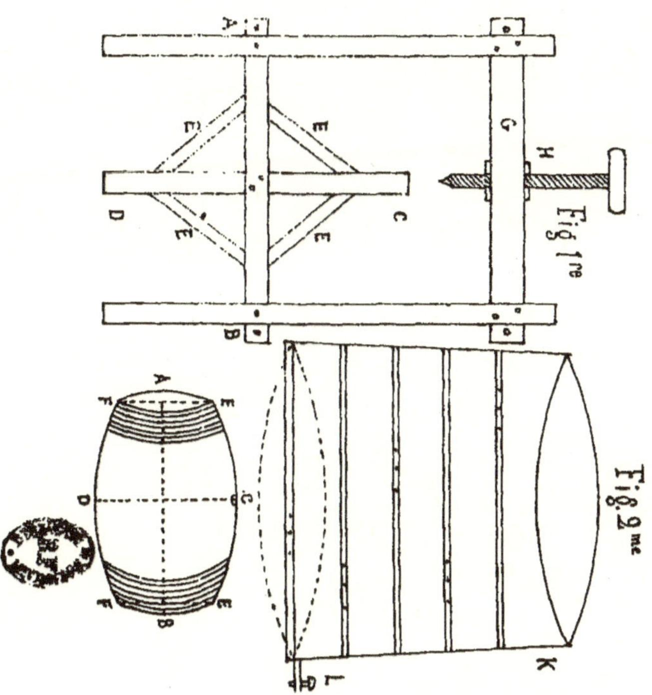

A
D
C
B
G
H
Fig 1re
A
F
E
D
C
E
F
B
Fig.2me
K
L

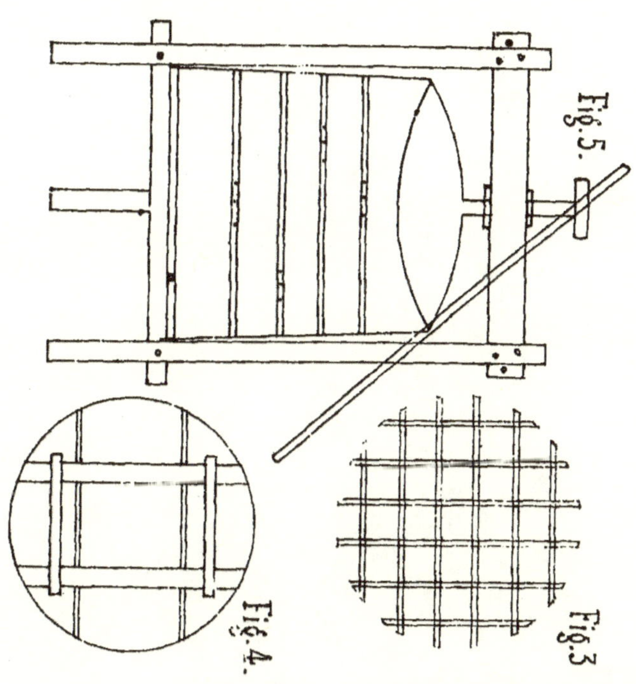

Fig.5.
Fig.4.
Fig.3

Hachette-BnF s'est donné pour mission de réimprimer à l'identique des œuvres issues du patrimoine historique et littéraire français puisées dans les collections de livres anciens et rares libres de droits de la bibliothèque en ligne de la BnF, Gallica.

Grâce à la technologie de l'impression à la demande, ce sont plus de 260 000 titres qui sont disponibles en fac-similés pour satisfaire les lecteurs éclairés, chercheurs, amateurs et passionnés.

Plus d'infos sur : http://www.hachettebnf.fr

Dans la même collection :

Guide élémentaire et pratique pour la fabrication du cidre et du poiré (Éd. 1889)
P.-J. Lefèvre

L'Art de greffer les arbres, arbrisseaux et arbustes fruitiers, forestiers (Éd. 1880)
Charles Baltet

Le Livre des conserves, ou Recettes pour préparer et conserver les viandes (Éd. 1869)
Jules Gouffé

Le Parfumeur impérial, ou L'art de préparer les odeurs, essences, parfums pommades (Éd. 1809)
C.-F. Bertrand

Les Plantes bienfaisantes (Éd. 1906)
A. Fleury de la Roche

Manuel de l'amateur de truffes ou L'art d'obtenir des truffes, au moyen de plants artificiels (Éd. 1828)
Alexandre Martin

Manuel de l'étudiant magnétiseur (Éd. 1868)
Le baron Du Potet

Manuel de l'herboriste (Éd. 1889)
M. Reclu

Manuel pratique de culture maraîchère (Éd. 1863)
Courtois-Gérard

Manuel pratique du pâtissier-confiseur-décorateur (Éd. 1894)
Émile Hérisse

Manuel théorique et pratique du brasseur, ou L'art de faire toutes sortes de bières (Éd. 1828)
Frédérick Accum

Méthode d'équitation basée sur de nouveaux principes (Éd. 1844)
F. Baucher

Nouveau Manuel complet de la fabrication de la vannerie, cannage et paillage des sièges (Éd. 1912)
A. Audiger

Nouveau Manuel complet du distillateur liquoriste (Éd. 1918)
Lebeaud

Horlogerie : outillage et mécanique (Éd. 1891)
V.-A. Pierret

Petit Cours d'apiculture pratique (Éd. 1874)
Charles Dadant

Petit Guide pratique de jardinage (Éd. 1894)
S.-J. Mottet

Traité de charpente en bois (Éd. 1890)
Gustave Oslet

Traité pratique de la fabrication des eaux-de-vie par la distillation des vins (Éd. 1895)
Ch. Steiner

Traité pratique de menuiserie (Éd. 1911)
Étienne Barberot

www.ingramcontent.com/pod-product-compliance
Lightning Source LLC
LaVergne TN
LVHW090005200726
843493LV00004B/765